ALÉM DOS
SONHOS

Criada em 2013, a lei de incentivo à cultura da cidade do Rio de Janeiro é o maior mecanismo de incentivo municipal do país em volume de recursos. No ano de 2021, atualizamos os procedimentos para torná-la ainda mais democrática e mais simplificada. O Rio de Janeiro possui uma produção cultural diversa e que é decisiva para o seu desenvolvimento e para o bem-estar da população. Nossa lei, carinhosamente apelidada de Lei do ISS, é um mecanismo de fomento que busca estimular o encontro da produção cultural com a população.

SECRETARIA MUNICIPAL DE CULTURA DO RIO DE JANEIRO

PREFEITURA DA CIDADE DO RIO DE JANEIRO,
SECRETARIA MUNICIPAL DE CULTURA E OLIVEIRA TRUST APRESENTAM:

ALÉM DOS SONHOS

ROMAN ROMANCINI & RAFAEL DUARTE

Da cama ao cume

A HISTÓRIA DO HOMEM
QUE DESAFIOU O IMPOSSÍVEL

Rio de Janeiro, 2022
1ª Edição

Patrocínio

Realização

Copyright © 2022 *by* Roman Romancini e Rafael Duarte

TEXTOS

Roman Romancini

Rafael Duarte

PREFÁCIO

Daniela Romancini

CAPA E MIOLO

Sérgio Campante

FOTOS

Roman Romancini (arquivo pessoal)

Rafael Duarte

Olívio Duarte

Pasang Dawa Sherpa

REALIZAÇÃO

Bambalaio

DADOS INTERNACIONAIS DE CATALOGAÇÃO NA PUBLICAÇÃO (CIP)
(CÂMARA BRASILEIRA DO LIVRO, SP, BRASIL)
CIBELE MARIA DIAS – BIBLIOTECÁRIA CRB-8/9427

Romancini, Roman
    Além dos sonhos: da cama ao cume / Roman Romancini, Rafael Duarte. –
1. ed. – Rio de Janeiro: Valentina, 2022.
    176 p. il.

    ISBN 978-65-88490-45-7

    1. Alpinismo – Everest, Monte (China e Nepal) 2. Aventura e aventureiros
3. Everest, Monte (China e Nepal) – Descrições e viagens 4. Histórias de vida
5. Relatos pessoais 6. Romancini, Roman I. Duarte, Rafael. II. Título.

22-111803   CDD: 796.522092

Índices para catálogo sistemático:
1. Alpinistas : Expedições : Relatos de aventura
796.522092

Todos os livros da Editora Valentina estão em conformidade com
o novo Acordo Ortográfico da Língua Portuguesa

Todos os direitos desta edição reservados à

EDITORA VALENTINA
Rua Santa Clara 50/1107 – Copacabana
Rio de Janeiro – 22041-012
Tel/Fax: (21) 3208-8777
www.editoravalentina.com.br

SUMÁRIO

PREFÁCIO (POR DANIELA ROMANCINI) 7

PREÂMBULO: No meio do caminho tinha uma pedra........11

1. O significado da letra "E" 19

2. Da água para a rocha 26

3. A grande expedição 34

4. O caminho das pedras 38

5. A irmandade da corda..............................43

6. A vitória do fracasso...............................51

7. Aventura vs. expedição 59

8. Tinha uma pedra no meio do caminho.............68

9. Um divisor de águas 77

10. De frente para o sonho e o medo 83

11. A saga dos cumes invernais.....................100

12. Os últimos passos do sonho.....................114

13. Enfim, Everest....................................126

14. Vim, vi e venci....................................158

HISTÓRICO DAS PRINCIPAIS MONTANHAS............173

PREFÁCIO

QUANDO EU ME OFERECI PARA ESCREVER este prefácio, duvidei de minha sanidade quase que imediatamente. Apresentar Roman Romancini em poucas páginas é uma tarefa tão complexa quanto sua personalidade. Trago para vocês algumas de minhas memórias para cumprir tal missão. Afinal, escrever sobre Roman é escrever um pouco sobre a nossa história.

Nosso relacionamento foi como uma ascensão de montanha. Começou com um flerte, o reconhecimento de terreno. Em seguida, pequenas investidas que promoveram grandes conquistas. Até que, enfim, chegamos ao cume para apreciar a vista.

Percebi que seria um caminho sem volta quando vi Roman no muro de escalada da Unicamp. Do absoluto nada, tive a sensação de que era o certo (mesmo todo mundo me falando o contrário); daquelas coisas que não se explicam. Ele sempre foi a pipa e eu, o pé no chão. À medida que suas aventuras cresciam, nossa relação também. Em meio às rochas, vulcões e gelo, começamos a namorar, moramos em lugares diferentes, viajamos muito, nos casamos, tivemos filhos e construímos uma família linda.

A busca pelo inusitado, a superação de limites e sua dedicação sempre foram contagiantes. Uma energia infindável… Há alguns anos, eu estava atendendo um pequeno paciente quando começamos a falar sobre pessoas animadas. O pai da criança comentou sobre um antigo colega de trabalho que, segundo ele, era a pessoa mais feliz e pilhada que já havia conhecido.

— Fulano estava na Guatemala e queria muito surfar em uma determinada praia, mas estava fechada para um campeonato de surfe; ele, então, se inscreveu para poder curtir o dia! E ainda ficou em segundo lugar!

Eu apenas ri por trás da máscara.

— Roman Romancini, né? Meu marido.

A vida ao lado do Roman sempre tem emoção, mesmo quando não participo de suas peripécias. Digamos que o montanhismo não é muito minha praia, mas aprendi a respeitar. No primeiro mês de namoro, ele me presenteou com uma septicemia que o deixou internado por 15 dias. Eu fiquei o tempo todo ao lado dele. Brinco que era Deus me mandando um sinal do que viria pela frente e que eu ignorei.

Histórias como essa foram muitas ao longo dos anos. Em uma viagem para surfar no México, ele bateu a cabeça num coral e voltou com um colar cervical e 18 pontos. Nas peladinhas de fim de semana, quebrou os pés várias vezes. No 11 de Setembro, estava em um avião nos EUA e ficou incomunicável por horas. A frase "O filho que me dá mais trabalho é o filho da minha sogra" nunca fez tanto sentido.

Passamos por desafios, muitas vezes dolorosos, que serviram para fortalecer nossa união. Honrei meus votos de casamento: "As suas alegrias são as minhas, as suas tristezas são as minhas, as suas conquistas são as minhas." Partilhamos sorrisos e vibramos com cada conquista, em expedições ou na carreira profissional.

Como esposa (que deveria ganhar adicional de insalubridade) e mãe dos filhos de uma pessoa que realiza expedições audaciosas como hobby, passei por muitas situações de insegurança e preocupação nas duas décadas que estamos juntos.

Se, por um lado, tivemos alguns sustos, por outro aprendi a confiar nos instintos, conhecimentos e principalmente no anjo da guarda de meu marido.

PREFÁCIO

Nunca desacreditei da experiência de Roman, mas a madrugada do ataque ao cume do Everest ainda é um momento difícil de lembrar. Essa montanha, em especial, sempre foi um assunto delicado por aqui. Me traz memórias que eu não gostaria de reviver. Afinal, por trás de toda expedição, existe a apreensão daqueles que ficaram. A espera e as incertezas ao lado de Giulia e Vitor foram dolorosas.

Naquele dia, recordo-me de todos acordados conversando no grupo da família. Em certo momento, meu cunhado comenta que o GPS de Roman, por onde seguíamos seus passos em tempo real, havia registrado um desvio abrupto na montanha. Após eu quase ter infartado, ele percebeu que era apenas uma inconsistência no traçado do mapa. Decidi parar de acompanhá-lo pelo telefone e fiquei quieta, acordada, esperando o dia amanhecer para só então receber notícias. Talvez por isso o resto da escalada tenha ficado meio nebulosa na minha memória. Assim que teve acesso ao telefone, Roman me ligou. Quando ouvi sua voz senti um misto de raiva (por ele ter me feito passar por todo esse drama), felicidade, orgulho e alívio.

Ele estava voltando, mas eu sabia que não seria a última vez...

Roman é inspirador. Ele supera as adversidades, testa constantemente seus limites; não desistir é o seu mantra. É o tipo de pessoa que em apenas uma conversa consegue se fazer admirar. Mesmo dando um trabalho danado, ele é como uma brisa fresca, desprende um pouco meus pés do chão. Consegue mostrar um caminho maluco e inesperado no meio da tempestade. Bom saber que essa determinação e essa intensidade se refletem diretamente na vida dos nossos filhos e que ele segue sendo um exemplo de como ser feliz.

Feliz, como a nossa história, que daria um bom livro.

Daniela Romancini
(com colaboração de Giulia)

PREÂMBULO

No meio do caminho tinha uma pedra

O BARULHO FOI DE GALHOS QUEBRANDO. Os sons ainda seguem vívidos em minha memória... Uma explosão de sentimentos. Começando pelo inconfundível ruído de uma freada e o primeiro grito de alerta, de raiva. Por uma eterna fração de segundo, ouvia apenas a batida do meu coração, acelerada pela velocidade e pelo choque iminente. O segundo, visceral, foi um grito de medo, terror, pânico do inevitável. Os pneus derrapavam no silêncio. Metais se chocavam. Novamente, um silêncio no ar. Apenas o pulsar ensurdecedor vindo do peito em outro tom. Perdi minha orientação espacial enquanto o tempo se dilatava e abria espaço para uma enxurrada de pensamentos, reflexos instintivos, sensações e sentimentos inusitados e inéditos.

Mais um palpitar e o mundo virou de cabeça para baixo. Em mais uma fração de segundo, ao som do vidro se estilhaçando seguiu-se a terrível imagem do mergulho de cabeça no para-brisa do carro. Um toque áspero cortava a minha pele, e eu com medo do desconhecido. Novamente o silêncio. Mais uma batida do coração. No vazio, a gravidade inexistia e o mundo girava ao meu redor. Com tranquilidade e curiosa paz, assistia àquele filme como uma criança em órbita. O chão se aproximava enquanto tudo parecia acontecer em câmera lenta, como se meu corpo fosse o referencial absoluto para o tempo e para o espaço. A bicicleta flutuava no ar ao meu lado. Essa experiência espacial foi abruptamente interrompida pela racionalidade de "sempre cair rolando", como aprendi a me condicionar na infância. O som familiar de galhos secos quebrando foi cortado pelo terceiro, agudo e desesperado urro: o de uma dor insuportável.

Dia 15 de fevereiro de 2011, oito horas da manhã. Nunca me esquecerei dessa data. O cheiro do asfalto quente me fez pensar de forma concreta. Por alguma razão, ou por simples experiência, suspeitei que seria uma daquelas situações de pragmatismo robótico, em que eu precisava colocar meu lado emocional de lado e raciocinar de forma objetiva. Eu tinha certeza de duas coisas: havia sofrido um acidente e partes do meu corpo estavam quebradas. Não sabia exatamente quais, mas a dor me era muito familiar. O vazio sonoro deu lugar ao barulho das pessoas que começavam a se aglomerar ao meu redor. Com uma audição canina, era possível escutar cada comentário ofegante e, com olhos felinos, observar as feições de horror. Dor, apenas dor, e aos poucos o atleta emotivo dava lugar ao cientista cartesiano, enquanto o sangue se transformava em lava escaldante. Típica fervura de fraturas. O tempo voltava a transcorrer de forma absoluta e eu só conseguia pensar na minha coluna, epicentro da dor. Era hora de me organizar.

Podia desmaiar a qualquer momento. Gritar involuntariamente era a forma de atenuar aquela dor insuportável. Comecei, então, a fazer uma autoavaliação pragmática e instintiva. As mãos tateavam o corpo como um ávido estetoscópio, em busca de possíveis lesões e suas gravidades, com a esperança de encontrar apenas a sensação do toque das minhas próprias mãos e, ao mesmo tempo, em pânico de não as sentir. Cabeça e rosto, pequenas escoriações com um corte e sangue na orelha esquerda. Ufa! Nada no rosto, cabeça intacta. Bom capacete. Tive medo de me movimentar, pois

PREÂMBULO

não sentia nada da cintura para baixo, além da confusa e agonizante dor lombar. Com as pontas dos dedos, senti meu pescoço ileso. Outro alívio. Ombros, clavículas e braços — típicas vítimas de acidentes de bicicleta — "apenas" ralados. A pele esfolada ardia. As mãos sensitivas e curiosas seguiam seu percurso corpo abaixo. Costelas doloridas a cada respiração ofegante, porém aparentemente preservadas.

Bem devagar, virei meu olhar para o lado e vi a minha bicicleta toda retorcida. Medo. O tempo não mais transcorria em batidas de coração, mas em constantes segundos e intensas rajadas de dor, tão intensas que senti que iria desmaiar; como aquela anestesia pertinente quando o inconsciente toma conta e simplesmente te desliga. Não tive essa sorte e, em um piscar de olhos, aquela fervura, de novo, a percorrer meu corpo. Caras espantadas e feições de horror se aglomeravam ao meu redor, amplificando aquele zumbido de sílabas conflitantes que se mesclavam com meu pensamento, temor de estar bruscamente paralisado. "Vou mexer os dedos do pé", pensei. Com um esforço hercúleo e imensa dor na região lombar, levantei um pouco a cabeça para ver se o meu pé respondia aos meus comandos. O tempo voltou a se expandir e uma infinidade de emoções e pensamentos imperfeitos me passou pela mente, acelerada. E se eu estivesse, de fato, paralisado? E se minha perna tivesse sido bruscamente amputada? Tudo era dor, terror e fervor do sangue. Pensava nos movimentos dos dedos do pé, mas não conseguia senti-los. Apenas dor, tanto aguda como difusa.

Resolvi abrir os olhos e lá estava minha perna, claramente disforme, mas presa ao corpo. Primeiro alívio. Continuava pensando sobre os movimentos dos dedos. E se... E se...? "Mexeu! Eles mexeram!", gritava em minha mente. "Eles mexeram!" Eram, então, "apenas" ossos quebrados! Esse caminho das múltiplas fraturas já era meu conhecido e já havia sido percorrido em minha levada infância. Naquele instante me veio à memória quando quebrei os dois braços ao mesmo tempo. Ainda pequeno tinha sido obrigado a lidar com a sensação de dor insuportável. "É só um osso quebrado", repetia a minha voz interna, minimizando a situação, tentando assumir o controle.

O alívio racional veio acompanhado de um sorriso singelo, uma alegria infantil e mais uma onda de dor irreprimível. Eu não conseguia mais ficar naquela posição, estirado no asfalto, deitado de costas, agonizando. "Alguém chame uma ambulância", clamei aos curiosos. Foi o gatilho para o racional tomar conta de vez. Consciente, não tão distante de casa e me sentindo todo arrebentado, consegui pensar de forma protocolar. Em primeiro lugar, eu precisava me virar de lado para estabilizar a fratura, alguma posição com menos dor. Tomei fôlego, segurei a perna e soltei mais um berro. Urrava de dor quando me virava de lado, na posição fetal, com uma perna apoiada sobre a outra. O sangue fervia. E, de novo, quase desmaiei.

Fôlego retomado, em meio à multidão, um rosto conhecido. Lúcio, um amigo de pedal, que minutos antes eu havia encontrado, presenciou de perto toda a barbárie. Pedi que me ajudasse a tirar o capacete, que ele posicionou como um travesseiro, e água, muita água. Eu estava em ebulição por dentro. Seco, evaporado. Escutei de alguma voz desconhecida: "Não podemos dar nada para ele até que os médicos cheguem". "Estou com a boca seca! Preciso de água!", implorei. Nada. Não estava em posição de discutir, então desisti. "Lúcio, por favor, pegue meu celular na bolsa da bicicleta, ligue para a minha mulher e tire fotos", pedi.

Como no jogo de xadrez, já imaginava os futuros movimentos de uma batalha judicial que seria travada. Precisava ligar para a Dani e dizer o que tinha acontecido e que a situação estava "controlada". Alguém chamou uma ambulância. Escutei uma ciclista falando com os socorristas ao telefone. Pedi o aparelho. Sem condições, pedi que ligassem para minha casa e avisassem do acidente. Tentava imaginar como a Dani receberia o telefonema, acordada pelo toque em um horário pouco usual e de um número desconhecido. Só podia ser má notícia. Tomei fôlego e, entre gritos de inimaginável dor, disse:

— Bom dia, gatinha, tudo bem? Então, aconteceu um acidente, fui atropelado. Estou bem e...

Com um grito involuntário, quase desmaiei de dor pela terceira vez. Ouvi o som de sirene se aproximando enquanto os curiosos abriam espaço para os socorristas do Samu e para os policiais. Muitas perguntas se seguiram. A essa altura Dani já estava ao meu lado, com um controle emocional

PREÂMBULO

incrível. Pude ver a cara de desdém da senhora que estava ao volante do veículo que me atropelou, como quem dissesse "além de estragar meu carro, vai me fazer chegar atrasada". Inacreditável! Não sei como a Dani, que não leva desaforo para casa, não foi tirar satisfação. Talvez em respeito àqueles cabelos brancos. "Penso nisso depois, agora preciso avisar o plano de saúde, o Dirceu, meu chefe no trabalho, e garantir a transferência para um hospital particular." Com maestria, Dani já estava tratando disso tudo. Escutei: "Um, dois, três e já!" Outro quase desmaio. Fui tirado do chão e jogado na maca como se fosse um saco de batatas, enquanto gritava mesmo sem querer.

No trajeto de ambulância para o hospital, depois daqueles primeiros instantes quando o senso de sobrevivência tomou conta dos meus sentidos, veio-me à cabeça uma verdade inconveniente. Eu não poderia mais embarcar dali a 40 dias para realizar o sonho da minha vida: escalar a montanha mais alta do mundo, o monte Everest. Um sonho para o qual eu vinha me preparando durante toda a vida.

Fui levado ao Hospital Municipal Miguel Couto, um verdadeiro hospital de guerra. De repente, passa por mim um homem baleado em direção ao centro cirúrgico. Minha boca estava seca havia horas e ninguém queria ainda me dar um simples gole d'água. Chegando ao que parecia ser o leito dos acidentados, olho para cima e leio na placa a sinalização: Sala de Ressuscitação. "Puta que pariu! Estou pior do que imaginava. Estou morrendo", pensei. Olho para o lado e vejo um cadáver coberto por um pano. Viro-me e observo uma senhora, visivelmente em seus momentos finais. Eu achava que estava ruim, mas havia gente muito pior ali. Emergência de hospital público no Rio de Janeiro é assim. Até então só tinha ouvido falar, mas vivenciar é outra história. Estar naquele contexto na condição de paciente de urgência me deixou em pânico.

Minutos depois, vieram me buscar e me levaram para a sala de raios X. Até o momento nenhum analgésico e, a essa altura, o meu corpo doía por inteiro. Novamente "Um, dois..." e antes do três eu já gritava de dor antecipando o movimento entre as macas. Mais um saco de batatas de um lado para outro. Dani me ouvia gritar lá da recepção. Minha mãe já estava no hospital para ver como eu estava, mas a família achou prudente que ela deixasse aquele ambiente para não escutar o sofrimento do filho. Ela não suportaria ficar ali sem saber exatamente como eu ficaria ou qual seria o desenrolar da situação.

Imagens feitas, o diagnóstico: fratura grave no fêmur direito. O osso estava estilhaçado em incontáveis pedaços e, naquele momento, o medo era de ruptura de alguma artéria ou veia importante, hemorragia interna… Tratava-se obviamente de um caso cirúrgico. Sem querer, escutei a conversa dos médicos que estavam cuidando do meu caso. Começava o debate: amputação, cirurgia, salas lotadas, risco de hemorragia interna, casos mais graves na prioridade. Aterrorizado, pedi para falar com a minha esposa.

A palavra "amputação" tinha me deixado especialmente assustado. Eu sabia que as equipes do Miguel Couto tinham ótima reputação pelo atendimento de emergência. Mas, se o caso fosse tão grave assim, eu queria ouvir a opinião de um médico da minha confiança e da minha família antes de eventualmente cortarem parte da minha perna. Olhei para a Dani e disse:

— Amor, me tire daqui!

Horas depois, fui transferido para o Hospital Samaritano, onde tive um novo e detalhado diagnóstico, finalmente o alívio: morfina! Na sequência, a equipe médica me deu os motivos pelos quais não iriam me operar naquele dia. Àquela altura já tinha entendido que o caso não era de amputação. Seria uma cirurgia complexa, longa, e eles precisavam se preparar para a intervenção que exigiria muito do cirurgião e da equipe. Também teriam de providenciar os equipamentos e as próteses necessárias. Sem contar com os trâmites administrativos para a liberação do procedimento. O experiente médico responsável se aproximou.

— Roman, você é um atleta, não é? Corre maratonas?

— Sim — respondi.

— Você escalava montanhas, certo?

— Sim, também. Por quê?

— Vou te dar as minhas razões para não o operar hoje. A fratura do seu fêmur foi muito grave. Irá demandar muito de toda a equipe, de bons materiais e próteses e, se você voltar a andar sem mancar, será um caso de sorte.

PREÂMBULO

Ao ouvir aquelas palavras em tom de incerteza, não podia aceitar que minha vida esportiva seria interrompida ali. E que não iria poder jogar bola com os meus filhos. Sob o efeito narcótico da morfina, catei-o pelo colarinho e, com a certeza da alma, disse:

— O senhor faz o seu trabalho direito que eu faço o meu! Eu vou voltar! Vou correr e escalar as minhas montanhas, jogar bola com meus filhos! Eu vou voltar!

Com o corpo anestesiado, a mente dopada e uma perna 20 cm mais comprida que a outra, fui para a UTI esperar pela cirurgia, que só ocorreria no dia seguinte. Naquele momento começava a minha escalada ao Everest. Não de um ponto qualquer, a partir da minha casa, mas de um muito mais longínquo, nunca imaginado — a cama de um hospital.

O SIGNIFICADO DA LETRA "E"

Sempre me perguntam como tudo isso começou. Não sei bem ao certo, mas a primeira e mais longínqua lembrança que tenho dessa viciante sensação de adrenalina, um misto de medo, coragem e euforia, vem da minha primeira infância. Estávamos na chácara do meu avô, em Cristalina (GO), nos arredores de Brasília, onde nasci. Era fim dos anos 70 e eu tinha uns três ou quatro anos. Meu pai brincava de cavalinho comigo, eu montado em suas costas enquanto ele caminhava pelo pasto seco dourado, típico do Cerrado. Estava nas nuvens, como qualquer filho brincando com seu herói. Quando, de forma súbita, num tom de alerta e seriedade, meu pai me apertou firme e gritou: "Cobra!", e saiu correndo comigo em seus ombros. Eu quicava enquanto sentia o vento no meu rosto e o pasto correr rápido sob meus pés flutuantes.

Vívida lembrança daquele turbilhão inédito de sensações. Uma mistura de confiança, por acreditar plenamente que meu pai não me derrubaria e que conseguiria me tirar dali com segurança, e medo de um dos mais temidos animais do universo infantil: a serpente. Aquela sensação me marcaria para sempre. Diferente da forma natural de pavor que qualquer pessoa, não importa a idade, sentiria naquela situação, eu estava, de certa forma, gostando. Algo que mora no limiar entre o perigo e o prazer, o medo e a redenção, a tensão e a satisfação. Não imaginei que passaria minha vida buscando aquela sensação de novo. Não intencionalmente e sem perceber, meu pai abrira o caminho para a liberdade e para o prazer de escalar montanhas.

Nasci em uma cidade ampla, com espaços abertos, convidativa a sair de casa. Tive o privilégio de crescer em ambientes físicos propícios, temperatura agradável, rodeado de educadores e instituições que estimularam meus potenciais nos diversos âmbitos da vida. Minha infância foi ao ar livre na região de Brasília.

Nós não tínhamos muita grana, mas tínhamos muita riqueza social, ambiental e familiar. Nossos recursos eram limitados, ainda mais em tempos de inflação acelerada. Precoce e maduro, devido ao contato com pessoas mais velhas e de grande sociabilidade, curioso, gostava de conversar com todo mundo em qualquer lugar sobre qualquer assunto.

Com pais progressistas, para quem a disciplina era menos importante do que a liberdade, muito à frente de seu tempo, o publicitário José Carlos e a psicóloga Braulina estimulavam, intelectual, emocional e fisicamente, seus filhos — eu e meus irmãos Filipe e Clarissa — por meio de várias modalidades esportivas. No meu caso, atividade física era mais que recreação, era uma espécie de remédio. Minha mãe diz que nos dias de hoje eu seria diagnosticado como hiperativo ou com déficit de atenção. Talvez eu fosse apenas uma criança cheia de vida e energia para gastar, fora dos padrões usuais. Razão pela qual me colocaram na natação desde cedo.

— O Roman aprendeu a nadar antes de andar — lembra meu pai.

Logo peguei gosto pela coisa e competir foi uma etapa natural. A natação foi para mim o grande esporte dos meus primeiros anos até a faculdade.

Aos sete, já era federado e competia na região Centro-Oeste. A piscina me deu as primeiras medalhas numa época em que eu já via o ambiente esportivo como um templo e a água como meu hábitat. Mais tarde, eu descobriria que mais que chegar rápido do outro lado, o que se tornaria a minha verdadeira paixão naquele esporte seria ir mais longe, nadar sem parar por horas a fio, entrar em grandes desafios e maratonas aquáticas. Era a minha entrada no mundo do endurance.

Minha aptidão para essa modalidade me levou a treinar sério desde muito cedo. Não demorou e fui obrigado a conciliar a escola e as brincadeiras infantis com uma dura rotina de treinos. Fui colocado em um grupo de atletas mirins mais velhos que eu e, de uma hora para outra, estava em um ambiente onde era o menor e naturalmente o mais fraco, tendo que provar minha capacidade numa época em que o bullying fazia parte do jogo. A natação deixou de ser uma paixão. Passou a ser uma obrigação. Consequentemente, eu não podia mais brincar como antes. Isso me incomodava. E ainda havia os "agressores" da água fria. Eu pensava em sair da natação, experimentar outros esportes.

Corria o ano de 1982, ano de Copa, e um país entristecido pela trágica derrota da Seleção Brasileira para a Azzurra de Paolo Rossi despertou em mim o interesse pelo futebol e um infantil objetivo em mente: conquistar a Copa para aquele país devastado. Ainda com sete anos, logo após o mundial, abandonei a natação "semiprofissional" e fui jogar bola.

Inconformada com a minha decisão, minha treinadora de natação apareceu lá em casa para conversar com meus pais e defendeu meu potencial na água. No início, meus pais hesitaram, mas deixaram a decisão por minha conta. Eles me ensinaram que o mais importante era nossa felicidade e liberdade. Ensinaram-me sobre o livre-arbítrio e explicaram-me que eu não era obrigado a fazer nada que eu não quisesse ou que não me sentisse confortável em fazer. Para eles, o essencial não era ser o melhor. Queriam que o esporte me permitisse ser livre e feliz, sem ambições de resultado, apenas de bem-estar.

A escola também era um ambiente que eu adorava, cheia de amigos e atividades lúdicas que me entretinham e me desafiavam ao mesmo tempo.

Fui bom aluno, mas dava trabalho para os professores, que às vezes não sabiam lidar muito bem com tamanha energia e uma curiosidade incessante. Certa vez, minha mãe foi chamada na escola.

— Quando eu cheguei para saber o que estava acontecendo com o Roman, vieram reclamar comigo que o comportamento dele não estava nos padrões esperados. E me mostraram os livros dele com as páginas grampeadas. Estranhei. E questionei o que era aquilo. E então me disseram que quando o Roman terminava a lição já queria seguir para as próximas e fazer por conta própria, sem esperar pelo ritmo dos colegas. E elas proibiam isso. Naquele momento vi que aquela escola não era para ele e resolvemos tirá-lo de lá — contou minha mãe.

Aos oito anos entrei para a escola que mudaria a minha vida e marcaria a minha infância, o Colégio Indi (carinhosamente chamado de Tia Bibia). E hoje reconheço o papel crucial que essa instituição teve na formação da pessoa que eu me tornei. Logo no primeiro ano, participei de todas as modalidades de uma olimpíada estudantil, que tinha atletismo, natação, futebol, vôlei, basquete... Terminei a competição como o aluno com o maior número de medalhas: quatro de ouro, três de prata e duas de bronze. Agora, percebo que tanto meus pais como quase todas as escolas onde estudei sempre estimularam um tipo de visão educacional bem à frente do seu tempo. Com formas e métodos holísticos de educação, em que aprender vai muito além de absorver conteúdos, mas ser exposto a experiências das mais diversas, propiciando uma boa dose de atividades corporais, artísticas e criativas. Eles sempre criaram para mim ecossistemas onde eu sentia que poderia desenvolver com naturalidade os meus potenciais. Ambientes que fomentam valores de liberdade e coletividade, e hoje estão no cerne da minha forma de pensar e se tornaram traços marcantes da minha personalidade.

Tenho muita gratidão por Julia Passarinho (tia Bibia), a fundadora do colégio, e pelos professores Marcão, Élida, Lia e Nilceia. Essas cinco pessoas mudaram a minha vida. Cada uma do seu jeito, com suas riquezas e belezas, apresentaram-me suas visões de mundo. Marcão foi o maior incentivador dos grandes sonhos e dos esportes de resistência, desconhecidos por mim até então. Empolgado com o meu potencial, falava da travessia do rio Negro e daquela dose extra de esforço necessária nas grandes empreitadas, algo que talvez ele tenha enxergado em mim, muito antes que eu mesmo. Foi ele que trabalhou e fez a transição dos azulejos para as águas abertas (no lago de Brasília) e me colocou no triatlo.

Machucados, quedas e fraturas também marcaram essa fase. Eu parecia querer desafiar tudo e todos, de um jeito insubordinado. Uma marca característica da minha infância que por outro lado me trouxe alguns problemas. Eu ficava solto na rua até meus pais chamarem por mim. E até certo ponto foi intencional. Os esportes e a satisfação da "curiosidade infinita" eram meu "tratamento", a plataforma para extravasar toda aquela energia e desenvolver a concentração. Hoje, imagino que não tenha sido nada fácil para eles.

Aos dez anos quebrei os dois braços. Ao mesmo tempo. Estava com os amigos nos brinquedos da escola, competindo para ver quem balançava e voava mais longe. Ganhei, mas o preço foram seis fraturas em dois braços. No ano seguinte, descendo a rua de skate para ver quem era o mais rápido, havia uma pedra no meu caminho. Rolei no asfalto por uns 20 metros e perdi a competição, mas ganhei uma fratura exposta no braço direito.

Quando os primos se reuniam, era uma catástrofe anunciada. Certa vez, na chácara de nosso avô, nós começamos uma guerra de mamonas que acabou em guerra de tijolos, telhas, mangas e pedras, um vandalismo desnecessário na sede da fazenda. Não sobrou uma parede em pé. Aos 10 anos aprendi a dirigir e, aos 11, dei perda total na Parati dos meus pais tentando tirar o carro da garagem — tão preocupado com a mecânica dos pedais, esqueci que o portão estava fechado.

Não bastava brincar na piscina; legal mesmo era pular dos telhados das casas direto na piscina; de pontes, em rios e lagos; de penhascos, nos poços das cachoeiras. Uma das minhas brincadeiras favoritas era subir nos eucaliptos antes das tempestades para balançar com o vento. Não me contentava em apenas andar de bicicleta, queria competir de BMX voando pelas rampas. Quando as provas formais ficaram chatas, passei a improvisar rampas na beira do lago e nas pontes para descer uma ladeira e voar lago adentro.

Era uma fase em que eu associava liberdade com a possibilidade de fazer o que desse na cabeça, era um escravo dos inconsequentes desejos infantis.

Curiosamente, a verdade é que eu tinha medo, muito medo de altura. Quando criança, não gostava de coberturas e varandas, sentia uma sensação inexplicável de querer pular, voar. Eu jamais poderia imaginar que, nascido em Brasília, uma cidade plana em meio ao Planalto Central, viria a me interessar em subir montanhas, coisa que não fazia parte da minha realidade à época.

E Brasília é assim, uma cidade outdoor que respira esporte e liberdade, que atiça a curiosidade exploratória. Tem áreas de lazer amplas, um grande lago e fazendas nos arredores onde andávamos muito a cavalo, isso tudo em meio ao Cerrado. Meus pais amavam acampar e nos levavam com frequência para imersões na natureza. Eles foram grandes incentivadores desse contato com ambientes naturais, dessas descobertas. Certa vez, eles me deram um caiaque para ver Brasília por um outro ângulo, de dentro do lago Paranoá.

Pelas portas da curiosidade, meus pais resolveram investir nos meus hábitos de leitura como uma forma de ajudar na concentração e no foco, presenteando-me com não apenas uma, mas duas coleções de enciclopédias: a *Barsa* e a *Mirador*. Como um bom publicitário, assessorado por uma eficaz psicologia infantil, meu pai me vendeu a ideia de que ali residia todo o conhecimento da humanidade. "Sério? Se eu ler todos esses livros saberei tudo que a humanidade descobriu até hoje?", perguntei.

Assim, eu passei a folhear, ler e mergulhar naquelas páginas com um apetite voraz. Ficava por horas debruçado naquelas publicações e conteúdos exóticos e surpreendentes, seguindo a lógica alfabética. Letra A, letra B, letra C, letra D… mas foi justo a letra "E" que viria a mudar a minha vida. Primeiro, "energia nuclear", também chamada atômica. Imaginem uma criança de 10 anos olhando para o sol e dizendo: "Ah! É assim que você funciona!" Naquele momento nascia o físico. Anos depois, eu ingressaria no curso de Física em uma das mais prestigiosas universidades do país, a Unicamp.

Continuei a ler até que uma foto me chamou a atenção. Era a clássica imagem da primeira ascensão ao monte Everest (8.848 m), em 29 de maio de 1953, de Tenzing Norgay feita pelo neozelandês Edmund Hillary. Eu nunca ouvira falar daquela montanha, a mais alta do mundo, tão longe

do Brasil, do outro lado do planeta, coberta de neve e gelo. Em tempos de catequese, o ponto mais próximo de Deus. Em meio ao Planalto Central, aos olhos de uma criança, aquele homem, vestido com roupa de astronauta, em cima do gelo, com aquela bandeira na mão, era a expressão da conquista do último pedaço de terra antes da Lua.

Nascido em uma cidade plana de um país tropical, rodeado por futebol, samba, aquela imagem era a antítese da minha vida no Cerrado. Até então, o verbo "escalar" significava subir em árvores e telhados, e o alpinismo era uma palavra desconhecida. De forma ingênua, despretensiosa e não planejada, nascia ali, naquela letra E, o Roman montanhista.

DA ÁGUA PARA A ROCHA

S‍e a minha infância inteira foi na altitude de mil metros do Planalto Central, sete anos depois de ver a tal foto de Hillary na *Barsa* eu tive a minha primeira experiência em uma montanha nevada, durante o meu intercâmbio na Califórnia, em 1992. O monte Shasta (4.322 m), era o playground de inverno de quem vivia na cidade de Redding. O objetivo: praticar esqui e snowboard com os meus amigos. Descer aquela rampa nevada era divertido, mas descobri que subir também poderia ser.

O inverno do norte da Califórnia é algo inusitado e atraente. Aquele ambiente com o relevo montanhoso, o clima gelado, a facilidade e a autonomia para práticas de esportes ao ar livre, os amigos, a descoberta do esqui, tudo isso foi um marco importante e uma belíssima e divertida introdução à vida nas montanhas. Gostei. Costumávamos sair da escola e passar incontáveis dias e noites na montanha. Quando esquiar subindo de teleférico as pistas ficou chato, munidos por aquele insubordinado espírito livre adolescente, eu e o meu melhor amigo, Shane Drake, resolvemos avançar para esquiar de um ponto mais acima. A primeira distância ficou banal, então galgamos para uma mais alta. E assim fomos explorando descidas não demarcadas, as chamadas *off-tracks*. Subimos até que chegamos ao ponto mais alto. Assim, de forma quase acidental e não intencional, atingi o cume de uma montanha nevada — minha primeira experiência improvisada de alpinismo, uma degustação de um ambiente pelo qual eu me apaixonaria profundamente nos anos seguintes.

O modelo educacional norte-americano prioriza a prática esportiva, e o clima temperado somado à geografia do norte da Califórnia determinam as modalidades. Com o fim do inverno, estava aberta a temporada de natação e futebol. Que coincidência! Sendo o único brasileiro na cidade, entrar para o time de futebol foi compulsório. Incentivado por Shane, um dos melhores nadadores que conheci e estrela do esporte escolar, retomar a natação foi divertidamente competitivo. Mesmo sem neve, encontrei nas montanhas da região outro hábitat, e aos poucos fui aprendendo a desfrutar os aclives de diversas maneiras, sempre impulsionado pela curiosidade quase infantil e pelo experimentalismo juvenil.

De volta ao Brasil, depois de uma rápida passagem por Brasília, em 1993, aos 18 anos, mudei-me para Campinas para cursar Física na Unicamp. Sair "definitivamente" da casa dos meus pais foi chocante. O intercâmbio foi uma espécie de estágio, uma preparação, mas com data marcada para retornar e uma família local para cuidar de mim. Mesmo eufórico por desbravar o mundo e com a nova fase de vida, sair do ninho faz a gente perder o chão. Logo que cheguei, procurei me envolver com o ambiente esportivo universitário, que era bem forte. Como a piscina era a minha segunda casa, entrar para o time de natação foi o movimento natural. Afinal, era lá que eu me encontrava comigo mesmo, conversava com os meus fantasmas e resolvia os meus conflitos emocionais sozinho. A água sempre foi um templo para mim. Eu nadava por horas e horas, às vezes 5 km, 8 km e até 10 km, sem parar, diariamente. Durante as braçadas eu conseguia resolver problemas de Física que não saíam da minha cabeça, refletia sobre assuntos do universo e me perdia em pensamentos sobre o cotidiano. Eu tinha questões existenciais comuns de qualquer universitário. Será que vou ter de voltar para a casa dos meus pais? Como eu vou fazer para conseguir dinheiro? Será que eu namoro com ela? Será que eu termino com ela? Que caminho seguir? Como me reconciliar com aquele amigo com quem briguei? E por aí vai.

Na faculdade, de 1993 a 1997, meu tempo foi dividido entre fórmulas de Física, braçadas, subidas verticais e, claro, relacionamentos amorosos. Na piscina, eu também conheci alguns "loucos". Um dia propuseram um desafio diferente à equipe: fazer algo que nunca tínhamos feito. Depois de discutirmos algumas ideias, foi lançada a proposta de nadar por 24 horas seguidas. Uma ultramaratona de natação. Dividimo-nos em equipes de quatro nadadores. Cada um teria de nadar a maior distância que conseguisse num período de uma hora. Depois fizemos o mesmo desafio em 36 e 48 horas. Nesse último nadamos 243 km.

Apesar de amar aquele ambiente, havia outro ponto do campus que me chamava a atenção. Era um muro de escalada montado em uma das paredes laterais de um dos prédios da Faculdade de Educação Física. No começo não liguei muito, mas o Fábio (ou vovô Zac), um dos meus amigos da República do Buraco — nossa moradia compartilhada para reduzir custos — insistiu tanto que acabei indo conhecer.

Minha primeira experiência no muro de escalada da Unicamp foi um vexame, mas também amor à primeira "subida". Quando me vi pendurado por uma corda, segurando firme naquelas agarras e com o chão ficando cada vez mais distante, a paúra por altitude de novo tomou conta de mim. Eu não confiava naquele equipamento. Ninguém ali tinha me falado que aquela corda poderia aguentar o peso de um carro e eu com medo de cair lá de cima. Fiquei por algum tempo estático, imóvel, aterrorizado. Um misto de novidade com desconfiança. A parte fácil foi me encantar por aquele ambiente leve, familiar e descontraído que o pessoal da escalada tinha construído em volta daquele muro.

Foi nessa parede que, de forma despretensiosa, começava a minha relação com a verticalidade. Ali eu conheci a sensação de ficar pendurado por uma corda e confiar no equipamento. Foi como aprender a andar de um jeito diferente. Era uma biomecânica completamente nova para mim. Fiquei fascinado. Era uma dança, como a capoeira. Movimentos sutis entre equilíbrio, força e graciosidade. Eu senti que precisaria desenvolver uma técnica mais próxima à de um bailarino do que à de um levantador de peso. Observei que era uma prática que exigia um foco milimétrico para poder evoluir. Se a mão passasse um pouquinho e mudasse meu eixo gravitacional eu poderia cair. Uma ambiguidade entre força bruta e leveza elástica, que se descortinava a cada avanço. O desafio não era ser forte, mas preciso e leve.

É lindo ver alguém escalando com técnica apurada. Você vai grudando e chega um momento em que passa a fazer parte da rocha. Para um físico, essa combinação de movimentos com harmonia e resiliência muscular era impressionante. Uma equação multidimensional variada. Fôlego, atenção e elasticidade. Eu conhecia, até então, diversos esportes comuns como futebol, natação, surfe e ciclismo, mas ali eu entrei na arena dos esportes ditos radicais. E quando mergulhei naquela dança vertical, foi um caminho sem volta. Apaixonei-me pela escalada não apenas como esporte, mas como arte.

Em torno do muro de escalada da Unicamp formou-se uma tribo que, ao longo dos meus cinco anos de graduação, evoluía junto. Com o tempo, alguns pararam, outros avançaram para a rocha e outros, como eu, mais à frente, especializaram-se em altas montanhas. Nessa época, o alpinismo no Brasil ainda engatinhava. A minha sorte foi ter no time o montanhista Rodrigo Raineri, que tinha grandes aspirações e sonhos em altitude. Ele foi um dos grandes responsáveis por fazer a galera sonhar com feitos colossais. Identifiquei-me com ele, creio que somos dois megalomaníacos. Quando ele abriu uma loja de equipamentos, foi lá que comprei minhas primeiras sapatilhas. Depois, ele resolveu montar um curso de escalada, o embrião daquela que se tornaria uma renomada empresa desse segmento ativa até hoje, a Grade 6; fui o primeiro aluno do Rodrigo.

A minha concepção de liberdade nesse período era o meu carro, uma barraca, uma prancha e um bom som. Com essa trupe fundamos o Grupo de Escalada Esportiva da Unicamp (Geeu) para a gente explorar algumas montanhas que tínhamos em mente, como a Pedra Grande, o Cuscuzeiro, a Pedra do Baú e o Pico das Cabras, em São Paulo; a Gruta da Lapinha, em Minas Gerais, e o Pão de Açúcar, no Rio de Janeiro. Passei a faculdade toda como um quadrúpede na vertical com os integrantes do Geeu: Guilherme Lujan, Rodrigo Raineri, Totó (Guilherme Setani), Guilherme Sonego, Flávio Banwart, Euzébio Júnior (o Juneba), Cris Damiano, Marina, Marcos Cruz, Vitor Negrete e vários outros. Dediquei-me a praticar escaladas em rocha em vias técnicas e esportivas bem avançadas. Foi a fase de investir no desenvolvimento dessa competência, por considerar ser uma base fundamental.

Iniciei a prática de escalada em rocha no Pico das Cabras, e meu batismo de finalização de curso, ainda em 1993, aconteceu em Pedra Grande. Foi a primeira vez que eu senti na pele a sensação de ficar pendurado em uma pedra de verdade, e aprendi a confiar plenamente em uma corda. Estar sozinho preso à parede e ter fé nos equipamentos que me davam segurança foi um passo enorme. Quando a gente supera essa barreira mental, é uma libertação fora do convencional, um salto fundamental para se permitir evoluir.

Para quem estava acostumado com ambientes seguros e controlados, com solteira,* é você, a fita e mais nada. "Se eu errar, eu caio", é só o que se pensa. Não é o senso comum. Aquilo para mim foi um marco para focar no que é preciso fazer. E essa mentalidade (o *mindset*) passou a funcionar como premissa para eu conseguir escalar qualquer montanha. Acredito muito no conceito de proficiência. Aprender o básico em tudo que se faz, para mim, é essencial; perseguir a excelência, vital!

O bê-a-bá ajuda a superar dificuldades. No alpinismo, muitos cometem o erro de pular etapas e partir direto para altas montanhas. É muito importante chegar até esses ambientes sabendo fazer um autorresgate e uma boa ancoragem. "Se todo mundo morrer e eu ficar sozinho, como me viro?"

---

* Fita ou pedaço de corda de segurança para prender o escalador a uma ancoragem.

"E se eu cair numa fenda? Como eu faço para sair por conta própria de uma situação difícil?" Buscar essas respostas foi muito importante desde o começo. É um passo primordial, e tenho orgulho por ter seguido à risca.

Minha primeira subida à Pedra do Baú foi marcante demais. Não apenas pelo desafio da escalada em si, mas por ter me proporcionado a experiência integral de vivenciar o refúgio e o planejamento de uma caminhada. Hoje reconheço que aquele foi um protótipo do que seriam as minhas expedições. Na Pedra do Baú eu descobri que a montanha era um ambiente onde eu me sentia super à vontade. Depois de vários dias escalando, percebi que muitas pessoas iam quebrando de cansaço, definhando fisicamente. Mas com o tempo fui notando que aquilo me fortalecia e construía resiliência física e mental. Fui observando como passei a lidar com as dificuldades e resistir às situações sub-humanas em que eu me colocava.

Escalar certas montanhas é muito mais do que subir um caminho. São jornadas de planejamento, diversos momentos de interação em grupo, de compartilhamento de funções coletivas; é acardumar-se com o adverso, como cozinhar em situações precárias e passar alguns dias sem banho. Eu gostei tanto daquela experiência a ponto de, nos fins de semana, não querer mais voltar a Brasília para visitar a minha namorada. Eu só pensava em qual seria a próxima viagem para escalar. E isso acabou me gerando uns conflitos pessoais. Havia duas personas em jogo: de um lado, o Roman afetuoso com seus laços e relações; e de outro, aquele que queria desbravar o mundo e explorar o autoconhecimento. Era um dilema. Um dilema constante.

O alpinismo, para mim, é um processo mais mental. Com ele desenvolvi um incrível poder de concentração. Escalando aprendi a nunca deixar de lado o todo, mas me manter muito focado no próximo movimento. Por mais singelo que seja. Esse exercício de estar atento ao momento presente me deu uma capacidade mental que eu não tinha. Descobri nesse esporte uma arte, uma ferramenta de autoconhecimento, de meditação até.

Para coroar essa minha jornada de aprendizado de escalada em rocha, em 1996, resolvi realizar o sonho de visitar o Parque Nacional de Yosemite, nos Estados Unidos, considerado a meca do esporte. Ir para lá era como a viagem de um romeiro à sua catedral de fé. Algo que deveria ser feito pelo menos uma vez na vida. Foi uma viagem superplanejada que por circunstâncias do momento acabei fazendo com a minha namorada, numa dicotomia entre conciliar uma viagem esportiva de alto rendimento com uma espécie de lua de mel. Foi um erro. E a prova foi que no final percebi que aquele relacionamento já não fazia mais sentido para mim.

Teve um lado positivo muito legal dessa *road trip* de quase dois meses. Passamos por Las Vegas, Los Angeles e pelo Grand Canyon, onde acampamos em lugares incríveis. A chegada a Yosemite foi emblemática. Fiquei maravilhado com as paredes do El Capitan e do Half Dome, ícones para os alpinistas. Meus olhos brilharam por presenciar aquele ambiente e me sentir parte daquele universo. Para mim acabou não sendo uma viagem muito esportiva, mas foi bonito ver o alto nível dos escaladores que frequentavam o parque e vivenciar um pouco daquele lugar de praticantes do esporte que moravam em vans e motorhomes só para ficar perto de suas montanhas favoritas. Algo que era uma completa novidade para os meus olhos nos anos 90, mas um hábito que persiste até hoje nessa comunidade. Foi também uma grande lição de humildade, pois vi que para chegar ao nível de muitos ali, ainda teria que treinar e evoluir demais.

Quando finalmente concluímos a graduação, programamos uma superviagem de formatura entre amigos para fazer provas de mestrado em Minas e no Rio, e aproveitar para praticar escaladas. As primeiras subidas no Rio de Janeiro mudaram a minha vida. Foram algumas das mais emblemáticas, pelos morros do Pão de Açúcar e do Corcovado. Planejar, deslocar-se, fazer paredes icônicas com Marina e Juneba representaram grandes conquistas. E a mais longa dessa época foi com Guilherme Lujan, na Gruta da Lapinha, quando nós acampamos em barracas durante semanas a fio. Vivemos um período de vida nômade, de parede em parede, enquanto cumpríamos as etapas de seleção para o mestrado.

Na noite anterior à prova para o mestrado da UFRJ, em Engenharia Biomédica, empolgado com os planos para escalar na cidade, levantei-me rápido para pegar um guia de montanhismo e dei de cara com o vidro da varanda da casa da minha mãe. Caí quase desacordado, o nariz sangrando.

Provavelmente quebrado. A viagem em si foi um sucesso, mas não terminou bem. Além do nariz machucado no acidente doméstico, aconteceu outro ponto negativo. Um fato infelizmente típico da cidade: arrombaram meu carro que estava estacionado na rua e furtaram todos os nossos equipamentos de escalada, avaliados em alguns milhares de dólares. Ficamos arrasados. Semanas depois chegou a minha aceitação para o mestrado na UFRJ e me mudei de vez para o Rio, aos pés do Corcovado e do Cristo Redentor.

Fui para São Paulo a fim de me despedir de Campinas na nossa formatura. Nossa celebração foi, depois de *alguns* drinques, pular no lago central da Unicamp, famoso pelas águas impróprias para o banho. Resultado: uma infecção urinária severa. Fui ao médico, que não detectou a gravidade do caso e me passou uma dosagem leve de medicação, o que me motivou a seguir com meus planos e partir para uma nova viagem. Dessa vez para curtir o Carnaval do Nordeste com meus melhores amigos de infância. Sem tratar como deveria da infecção, a coisa foi piorando.

Apesar das dores, quando passou o feriado parti para Morro de São Paulo. Precisava encontrar uma garota com quem eu estava ficando e já apaixonado: Dani. Nossa história até merecia um capítulo à parte, pois conhecê-la não só transformou a minha vida, mas me proporcionou as maiores felicidades ao longo dos anos que viriam pela frente. Os remédios não faziam mais tanto efeito e o incômodo foi só aumentando. Fiquei preocupado de verdade quando, além da ardência, comecei a urinar sangue até o ponto de não conseguir mais andar. Era fevereiro de 1998, e a Dani já estava cuidando de mim no hospital. Foi quando começamos oficialmente a namorar.

Voltei para o Rio sem dinheiro, debilitado fisicamente, mas com um novo amor. O futuro me reservava grandes surpresas. No campo esportivo, ali começava o meu período de médias montanhas, as travessias de Itatiaia, Petrópolis e Teresópolis. Foi um período da vida em que também decidi me dedicar de corpo e alma à carreira profissional, que florescia naquele novo ambiente que me acolhia.

A GRANDE EXPEDIÇÃO

Montanhas são templos de liberdade, de reencontro e de essência. É uma imersão nas questões mais elementares da nossa existência, quando aprendemos a lidar com a escassez de recursos, ser criativo em situações extremas, construir resiliência, planejar, executar, sonhar, sofrer, vibrar, enfim, viver!

A magnitude das experiências que uma expedição proporciona é tão rica e apaixonante que se torna altamente viciante para quem tem a chance de provar esse sabor. Contudo, a maior expedição da minha vida é a paternidade, uma história que talvez tenha sido iniciada em alguma outra existência.

Tudo começou com uma simples foto nos idos de 1996. Certa vez, anos antes, eu estava conversando com uma amiga da Pedagogia, Bianca, na cantina da Física da

Unicamp, e papo vai, papo vem, ela me mostrou uma foto com umas amigas e lá estava a Dani. Uma menina linda que eu nunca tinha visto em nenhuma festinha.

— Quem é essa morena aqui? — perguntei, apontando a gata.

— Essa é a Dani, mas não é pro seu bico não — respondeu Bianca enfaticamente.

— Como assim? Por quê? — retruquei.

— Ela não é de sair muito, esquece.

Indignado com aquele bloqueio da Bianca, mas encantado, de um jeito que eu nem conseguia entender bem, peguei um guardanapo da cantina e escrevi um bilhete para a Bianca entregar à Dani. Assinei: "Eu finalmente te reencontrei."

Apesar de nunca termos nos conhecido antes, tive uma sensação clara de reencontro com ela através daquela imagem estática. Eu sou físico e não acredito em reencarnação. Mas essa sensação até hoje me traz arrepios. Quando Bianca leu o bilhete antes de entregá-lo, ela me provocou, rindo: "Você está louco." Ela sempre me diz que nunca me viu tão sério quando respondi que ela tinha de entregar aquele bilhete porque aquilo era muito importante. Bianca talvez tenha pensado que a Dani teria mais afinidade com alguém mais sério e formal que eu. Alguma figura antagônica à minha. Talvez alguém da Medicina ou do Direito.

Mas eu a convenci, e o bilhete foi entregue, com muito custo — com o comentário de que eu não seria o tipo da Dani, que eu era mulherengo e que, inclusive, estava namorando naquele momento. Motivos pelos quais a encantadora garota não ficou tão empolgada. Anos depois, fiquei sabendo qual foi o momento em que ela topou me dar uma chance. Foi quando vi as duas entrando na biblioteca que ficava ao lado do muro de escalada e fui lá cumprimentá-las. Dani me achou simpático e sorridente, mas só depois percebeu que aquele cara que estava escalando era o mesmo do bilhete. Ela diz que naquele momento sentiu que poderia existir algo de interessante entre a gente.

Não demorou muito, Dani começou a aparecer mais nos lugares onde eu estava e começaram os flertes. Teve um dia em que ela passou numa festa na minha casa só para deixar a Bianca e já voltar para casa, pois precisava estudar. Para provocá-la, segurei a chave do carro e brinquei: "Troco a chave por um beijo." Ela entendeu o galanteio como uma brincadeira. E me retribuiu com um beijo. Na bochecha.

Na tentativa de conquistá-la, cheguei a fazer uma loucura. Depois de participar de um voo livre com os amigos da república em Pirassununga, com ela na cabeça, convenci meus amigos Palmito e Gustavo a irem comigo para Santos, cidade natal da Dani, onde eu sabia que ela estaria em algum show. Chegando lá, fui pedir informação no primeiro posto de gasolina que encontramos. Estava com a sensação de estar predestinado a conhecê-la melhor.

— Amigo, você sabe dizer onde tem um show por aqui hoje? — perguntei ao frentista.

— Tem mais de vinte, qual deles? — respondeu com sarcasmo.

— Um grande. Sabe qual é? — insisti.

Assim, meio que no escuro, segui a orientação que ele me deu e fomos à procura. Lembro que era um lugar estranho, meio perigoso. Cheguei ali nem sei como, sem nem saber se ia encontrá-la. Depois de procurá-la por toda a parte em meio à multidão, finalmente a avistei. Ela tomou um susto. Achou até que estava delirando quando me viu. Foi um momento mágico. E, de cara, falei: "Eu vim para cá só para ficar com você."

Durante horas, dançamos e conversamos curtindo o show, mas dava para ver que ela estava se segurando por saber que eu tinha uma namorada. E eu ali, completamente confuso, ainda sem conseguir aceitar que havia chegado a hora de pôr um ponto final no relacionamento atual, mas, ao mesmo tempo, deslumbrado por aquela paixão que ela despertava em mim e animado com a possibilidade de encontrar um amor mais forte e profundo.

Depois do show, após muita conversa, ganhei um selinho. E só. Fiquei muito frustrado com o desfecho daquele tão esperado momento e saí de lá sem querer saber mais dela. Fiquei revoltado com aquele gesto que entendi como um tipo de rejeição e resolvi espairecer na praia, para onde fui com Palmito e Gustavo, que ficaram dormindo no carro enquanto eu ia tomar um banho de mar. Tirei minha roupa e comecei a nadar de cueca para esfriar a cabeça. Acho que nadei por umas quatro horas, a ponto de Palmito estar prestes a chamar os bombeiros para me procurarem na água quando despertou e não me encontrou.

De volta a Campinas, de cabeça fria, eu não conseguia esquecer. Horas depois, Dani apareceu à minha procura e finalmente... demos o primeiro beijo de verdade. Foi o começo de uma fase de flerte e sedução que duraria meses. E segui nas investidas. Trocamos mais bilhetes e depois passamos a nos encontrar. E lá se vão mais de vinte anos juntos. Depois de quatro anos de namoro a distância, enquanto eu morava no Rio, São José dos Campos, México, Guatemala, Costa Rica e Jamaica, nós nos mudamos juntos para uma casa em Campinas e depois para o Rio. Para, enfim, nos casarmos em Santos e ter nossos lindos filhos, Giulia e Vitor, no Rio de Janeiro. A partir de então... começou a grande expedição da minha vida: a paternidade.

O CAMINHO DAS PEDRAS

Minha história como montanhista percorre uma trajetória de evolução linear e consistente, nem sempre planejada; fui construindo competências e ganhando experiências para ir me preparando para o próximo desafio. Uma expedição acaba sempre tendo seu propósito individual, mas entendo também como um treino para a próxima etapa.

O Everest, nesse contexto, simbolizava uma paixão, aquele sonho infantil megalomaníaco. Já o desenvolvimento veio de forma natural, apreciando o sabor do presente, do momento, da oportunidade. A vida é longa. Costumo dizer que morrerei com 125 anos. E quero fazer mil coisas além de pensar na montanha mais alta do mundo. E, sem pressa, fui escalando aos poucos. Primeiro as paredes, depois os mil, os dois mil, três mil, quatro mil, e por aí vai...

De 1998 a 2000, fiz diversos protótipos de expedições para ir ganhando experiência. No início, desbravei o Rio, frequentando o Parque Nacional das Agulhas Negras, praticando muito surfe e fazendo trilhas pela Floresta da Tijuca, que se tornaria a minha academia ao ar livre favorita. Nesse período eu passei a me interessar por corridas de aventura e cheguei até a participar da prova Expedição Mata Atlântica (EMA). No caminho, acabei optando por abandonar o mestrado, que já não estava respondendo aos meus anseios profissionais, e resolvi me inserir no mundo corporativo, em duas das primeiras empresas onde eu construiria uma carreira longa e promissora. E assim me transformei em um executivo internacional.

Entre 1999 e 2006, passei a fazer viagens de trabalho para lugares como Guatemala, México, Jamaica e outras ilhas do Caribe. Tentava aproveitar ao máximo as belezas naturais e os destinos de montanhismo que não poderiam ficar de fora dos meus planos. Um hábito que trago comigo até hoje. Explorei montanhas, vulcões e comecei a sonhar, junto com meus bons e velhos amigos alpinistas, em escalar o Aconcágua, a montanha mais alta das Américas. Iniciava, então, a minha fase de desenvolvimento em alta montanha, com um curso de escalada em gelo e consolidando habilidades em várias viagens pela Bolívia com Totó, Vitor Negrete e Rodrigo Raineri — um passo fundamental para o sonho de um dia escalar o Everest.

Nessa época me mudei para a Guatemala a trabalho. Isso mudou a minha vida. O país que foi o meu primeiro projeto internacional profissional me permitiu conhecer pessoas que me ensinaram a tirar grandes sonhos do papel, fazendo-me sentir que seria possível, um dia, escalar o Everest e manter essa chama sempre acesa. Foi lá que também conheci atletas muito fortes, praticantes da célebre prova de corrida de aventura Eco-Challenge, e com alguns deles explorei vários vulcões da região. Lá escalei a minha primeira montanha acima dos quatro mil metros.

No curso de escalada em gelo na Bolívia aprendi os fundamentos para ter capacidade de alçar voos mais altos nesse esporte que queria levar cada vez mais a sério. Lá alcancei também, pela primeira vez, os cinco mil metros, ganhando resiliência e construindo uma capacidade fisiológica natural de aclimatação do corpo, produzindo assim mais glóbulos vermelhos, capazes de conduzir as moléculas de oxigênio na altitude. O curso durou três semanas no Condoriri, onde eu me aclimatei para escalar o pequeno Alpamayo (5.410 m), com o intuito de começar. E, em seguida, meu primeiro 6.000 m. Para mim, aquilo foi uma maratona. Em 2002 voltei à Cordilheira Real para abrir uma nova rota no Cabeza del Condor (5.648 m) com meu amigo Totó.

Em algumas dessas expedições, meus laços de amizade se fortaleceram muito com Vitor, que já era parceiro de escalada do Rodrigo, e que se tornaria um companheiro no esporte e, consequentemente, um grande amigo de vida. Quando ficamos próximos, vi que ele era um cara diferente, que vivia em outro mundo. Era profundo de uma forma que só ele conseguia ser. Era completamente desapegado do planeta e determinado. Ele conseguiu influenciar toda uma nova geração. Era um cara intenso em tudo que fazia. E ousado. Ele queria ser o primeiro a escalar o Everest sem oxigênio. E conseguiu chegar ao cume, mas infelizmente não resistiu na descida, e faleceu na face norte.

A morte do Vitor foi uma lição para mim e para todo o nosso grupo. A primeira vez que sofri uma perda na montanha, e justo de um dos meus melhores amigos. Devo a ele estar com a minha mulher até hoje. Certa vez, quando a relação com ela ainda não estava consolidada e eu não sabia se seguiríamos em frente, no meu regresso de uma montanha que escalamos juntos, ele me disse, enquanto lia *A arte da felicidade*, do Dalai Lama: "Quando você fecha o olho aqui na montanha, sente saudade de quem?" Quando a imagem da Dani veio imediatamente na minha cabeça, voltei seguro de que ela era a mulher da minha vida. E Vitor ainda completou: "Não pense racionalmente. Apenas sinta."

No período de 2000 a 2003, fiz diversas ascensões exploratórias pelos vulcões mexicanos e da América Central. As montanhas mais marcantes foram o Nevado de Toluca (4.680 m), o Pico de Orizaba (5.636 m) e, principalmente, o Iztaccíhuatl (5.230 m), que eu subi umas 20 vezes. A minha história quase traumática com essa montanha que se tornou tão familiar vem do excesso de confiança e de uma dose de arrogância que se desenvolveram em mim naquele tempo. Hoje, tendo noção disso, aprendi ali como essa combinação pode ser perigosa — fatal até. Uma prova da prepotência de quem tinha acabado de fazer um curso de escalada no gelo e achava que podia tudo.

Eu fazia sempre essa subida e não foram poucas as vezes em que fui sozinho — um erro crucial do qual todo montanhista deveria ter consciência. Certa ocasião, passei por um momento em que me dei conta da rapidez com que uma situação de suposto conforto pode se tornar uma ameaça de risco de morte. Era uma manhã fria e eu estava subindo sem comunicar a ninguém, quando, de repente, escorreguei no cascalho sobre o gelo em um trecho íngreme de uma rota errada em que eu tinha me metido. Deslizei vários metros até conseguir parar à beira de um desfiladeiro de 100 m.

Minha sorte foi ter conseguido me segurar a apenas meio metro do desfiladeiro. Por muito pouco um fato supostamente bobo poderia ter me jogado em uma queda livre de pelo menos 50 m, e eu certamente não teria sobrevivido. Essa foi uma das vezes mais marcantes em que cheguei perto da morte. Eu me tremia inteiro depois do susto. Foi desesperador perceber que eu poderia ter morrido de forma banal, sem que ninguém soubesse do meu paradeiro. Eu não estava devidamente informado sobre a rota. Deveria ter pesquisado mais. Quando assisti ao filme *127 horas* lembrei-me logo dessa história. Aprendi a reconhecer minha fragilidade e a buscar ter humildade e respeito a ambientes como aquele. Minha grande lição foi que em montanha não dá para contar com o improviso. Essa experiência, somada a outras que tive nos meus primeiros anos como montanhista, gerou em mim o insight de compreender a diferença entre aventura e expedição.

Se alguém me perguntasse qual foi a montanha que mais me causou sofrimento, a resposta seria, sem dúvida, a minha primeira acima dos 6.000 m. No ano 2000, fui à Bolívia para escalar o Huayna Potosí (6.088 m). Foi dificílima, principalmente pelo elemento do desconhecido. Apanhei muito. Não se chegava nunca ao cume e eu só pensava no tanto que teria de me esforçar para descer tudo aquilo depois. Hoje, eu avalio que foi difícil porque não estava mentalmente preparado. Nunca tinha passado por uma empreitada daquela magnitude. Foi degradante e congelante. Foi, em suma, uma grande revelação. A montanha é isso.

Eu não sabia, até então, o que era perder de verdade o elemento básico da vida que é o ar. Eu vivo ao nível do mar, com todo o ar à minha disposição. E não fazia ideia da sensação de respirar com apenas metade do oxigênio acima dos 5.000 m, dentro daquela roupa de astronauta, naquela temperatura, subindo longas distâncias. Atualmente existem muitos livros e artigos na internet que detalham e orientam grandes escaladas. Porém, naquela época, a pesquisa era bem mais limitada. Hoje, os jovens escaladores levam uma grande vantagem nesse ponto, o que incentiva o interesse por saber muito sobre o destino antes de partir em uma expedição. O Huayna Potosí me mostrou o que é não saber o que vai acontecer. Levei uma Pentax antiga que o meu pai me deu. Mas o frio desregulou o mecanismo da câmera e as imagens ficaram todas danificadas.

Naquele tempo, o montanhismo já fazia parte de mim. Meu autoconhecimento estava crescendo. Sentia-me pronto e motivado para novos desafios. Em resumo, nessa etapa da minha vida eu me dediquei à construção de uma competência, a escalada em alta montanha, mas também foi um tempo de construção de humildade e de destruição da arrogância.

A IRMANDADE DA CORDA

No início dos anos 2000, Vitor, eu, Totó e Rodrigo Raineri já estávamos planejando escalar o Everest. Conversávamos muito sobre o assunto e eles eram uma grande inspiração, sonhávamos juntos. Para nós, sul-americanos, o monte Aconcágua é um degrau quase inevitável para os que sonham em se desenvolver na escalada em alta montanha. Além de um treinamento fundamental para tentar algo acima dos oito mil metros, a maior montanha do Hemisfério Sul é a nossa representante regional dos famosos sete cumes: o conjunto das maiores montanhas de cada continente.

São elas em ordem crescente: Puncak Jaya/Pirâmide Carstensz (4.884 m), na Nova Guiné (Oceania); monte Vinson (4.892 m), na Antártica; monte Elbrus (5.642 m), na Rússia (Europa); Kilimanjaro (5.895 m), na Tanzânia

(África); Denali/monte McKinley (6.194 m), no Alasca (América do Norte); Aconcágua (6.962 m), na Argentina (América do Sul); e o monte Everest (8.848 m), no Nepal (Ásia).

Fazer essa grande viagem pelo mundo em busca dos cumes mais altos foi um ideal cultivado a cada escalada pelo nosso grupo de amigos. Rodrigo era uma força motriz robusta para botar pilha em todo mundo para alcançar o Everest. Era uma missão que ele perseguia e que virou um desejo de todos ali também. Nesse período, Vitor regressou da Argentina, onde fez uma série de caminhadas por Mendoza, aos pés do Parque Nacional do Aconcágua durante o inverno, quando a montanha fica fechada para visitação. Ele veio superencantado com a montanha durante a estação gelada que, conforme sua descrição, ficava completamente diferente daquela que os alpinistas conhecem quando vão escalar na temporada tradicional de verão. À época (2003), ninguém tinha informação sobre nenhuma ascensão do Aconcágua no inverno. Começamos a pesquisar e descobrimos que, até então na história do montanhismo, apenas 18 pessoas haviam escalado o pico do Aconcágua na temporada invernal. Nenhum era brasileiro. Fato esse que nos instigou bastante.

O curso de escalada em gelo que havíamos feito lá na Bolívia tinha nos unido ainda mais e nos tornamos um grupo de amigos que tentava sempre conciliar as agendas da melhor forma possível para escalar junto, em espírito de time. Na época eu morava no Brasil, e cada um em um canto diferente. Estimulados com a informação de que seria possível subir o Aconcágua no inverno, Rodrigo e Vitor começaram a organizar uma expedição para lá. Foi natural a minha entrada na equipe, que também recebeu o AC (Antônio Carlos Soares), que se tornaria um irmão de vida, e Aninha (Ana Elisa Boscarioli), que anos depois viria a ser a primeira brasileira a escalar os sete cumes. Ambos já tinham participado de expedições da Grade 6. Também embarcou nessa missão Clayton Conservani, repórter aventureiro da TV Globo, que foi cobrir o feito participando da escalada, com o apoio do cineasta Guilherme Rocha. A audácia do projeto nos movia e o ineditismo acabou gerando um atrativo midiático natural para aqueles tempos. Além de nós, os brasileiros, nosso grupo solitário ainda contou com uma equipe argentina local para o apoio logístico. Juntamos, então, forças para realizar esse sonho e viabilizar o projeto de forma coletiva.

A nossa expedição invernal ao Aconcágua, em 2004, é considerada até hoje uma das empreitadas mais inovadoras do montanhismo brasileiro. Escalá-la no inverno era algo praticamente impensável na época e inédita para brasileiros. Precisamos de uma autorização especial do parque via Itamaraty, que articulou com as autoridades argentinas a permissão da nossa entrada. Nessa estação do ano, não há ninguém lá. Nem mesmo guarda-parques. Na temporada clássica, cerca de três mil a cinco mil pessoas passam pelo Acampamento Base. No verão, o trajeto de aproximação até o BC* leva de 12 a 18 horas. E, no inverno, durou quatro dias para nós.

Tecnicamente esse foi o meu segundo passo de fé no montanhismo. O primeiro tinha sido a confiança no grampo e na corda para me manter preso à rocha na vertical. Dessa vez, em alta montanha e num desafio tão grandioso para nós, atletas tropicais, a confiança tinha de ser forte na competência do grupo e na capacidade de execução de um planejamento bem-feito. Não tínhamos a menor ideia do quanto seríamos testados ao limite. Precisávamos ser completamente autossuficientes levando nossos suprimentos de comida, água e na montagem e desmontagem dos acampamentos avançados.

Iniciamos a expedição confiantes no nosso time e entusiasmados com as surpresas que o gigante dos Andes nos reservava. Logo no início da caminhada, fomos surpreendidos com ventos fortes que nos jogavam no chão e derrubaram a sensação térmica para -26ºC. O mais transformador dessa experiência acabou não sendo apenas as intempéries climáticas sub-humanas, mas entender a importância de ter um parceiro de confiança. O meu, nessa escalada, seria AC.

Partimos para o período de aclimatação e montagem de equipamentos. Passamos por uma longa espera pela janela de bom tempo. Tão longa que comemos 15 kg de pipoca enquanto aguardávamos o início do ataque ao

---

* BC é a sigla usada para abreviar *Base Camp* — Acampamento Base.

cume. Quando vencemos a tormenta e chegamos ao refúgio dos guarda-parques, seu interior estava cheio de neve. Com a ajuda de um dos argentinos, Fernando, retiramos a neve do espaço com panelas para conseguir entrar.

Por fim, com todos já no Campo 1, traçamos coletivamente o plano de seguir para o Campo 2, onde passaríamos uma noite para atacar o cume no dia seguinte. Na véspera da saída do Campo 1 para o 2, Vitor entrou na nossa barraca e avisou que ele e Rodrigo, depois de analisarem a previsão do tempo em detalhes, haviam tomado uma decisão: mudariam seus planos. Prevendo uma antecipação do mau tempo sobre a janela projetada, resolveram que sairiam para o ataque ao cume direto já naquela madrugada. E que voltariam no fim do dia seguinte para o Campo 2, onde estaríamos. Fomos pegos de surpresa. Ele nos perguntou o que gostaríamos de fazer: seguir o plano original ou acompanhá-los.

Esse comunicado deles gerou um debate entre mim, AC e Aninha, e resolvemos tomar uma decisão coletiva. Estávamos desconfortáveis com a situação que nos foi colocada. Pensei em um dos maiores ensinamentos do meu pai: o de seguir a intuição. E provoquei os outros a fazerem o mesmo. Esquecer a racionalidade da análise técnica da circunstância e ouvir o nosso coração. Esse seria o caminho que seguiríamos juntos. Os dados e os fatos nos orientavam a ir com eles. Mas a nossa decisão conjunta foi manter o plano original e pernoitar no C2 para só na manhã do outro dia atacar o cume. Talvez não tenha sido a melhor decisão esportiva, mas foi o caminho no qual nos sentimos mais confortáveis.

Querendo ou não, naquele momento formaram-se duas expedições. A do Rodrigo/Vitor e a dos demais. O fato acabou gerando um incômodo. Principalmente por ter transformado o restante da equipe em uma espécie de time de apoio deles. Afinal de contas, naquela altitude, eles indo na nossa frente, se ocorresse algum acidente, a expedição seria abortada para podermos fazer o resgate deles. Não havia mais ninguém na montanha para prestar socorro senão nós mesmos.

Vitor e Rodrigo saíram de madrugada para o cume e nós, na manhã seguinte, fomos para o Campo 2, onde pernoitamos e ficamos de base de apoio para os dois, caso precisassem, sabendo que ocorrendo qualquer fatalidade com eles teríamos de renunciar ao nosso ataque e entrar em módulo emergência e rota de fuga. O desafio, ousado e grande, preocupava-nos, obviamente.

Felizmente a dupla fez o cume. No final do dia regressaram para o Campo 2 sãos e salvos, comemorando o desempenho e o sucesso da tentativa em um dia lindo com céu azul e temperaturas toleráveis. Vitor chegou a comentar que ele tinha pegado o melhor tempo de sua vida no Aconcágua. Estavam se sentindo tão bem que decidiram descer para o refúgio na base da montanha naquele mesmo dia, em vez de ficarem baseados no Campo 2 até a nossa volta, como tinha sido ventilado. Decisão que nos gerou um segundo desconforto, pois com a descida deles perderíamos a nossa retaguarda de segurança. A situação nos chateou momentaneamente, mas não nos abateu. Mantivemos nosso espírito positivo, estávamos fortes. Era, então, chegado o dia do nosso ataque ao cume. Foi muito duro. Fomos levados à exaustão ao longo de toda a ascensão. Tanto eu como AC desistimos várias vezes. Só que em momentos distintos, e um apoiava o outro.

O momento crítico aconteceu na base da Canaleta, aonde cheguei com quatro dedos congelados. Tinha defecado no macacão por excesso de gel de carboidrato e barrinha de cereal. Já não conseguia pensar. AC na hora avaliou que poderia ser efeito da hipóxia — baixa na taxa de oxigênio no sangue que influencia diretamente a nossa capacidade de raciocínio e de tomada de decisão. É como se a gente ficasse bêbado, com efeitos que nos fazem reagir como crianças. A baixa taxa de oxigênio, combinada a outros fatores na altitude, pode gerar problemas mais sérios, como edemas pulmonares e cerebrais. Eu não fazia ideia do que poderia estar acontecendo comigo. Sentei e pensei que não tinha condições de ir nem para cima nem para baixo. Eu só queria fechar os olhos e descansar. Eu só queria dormir, inconsequentemente.

Ali eu havia decidido dormir. E é assim que se costuma morrer na montanha. A morte por exaustão, quando a pessoa se senta e fica imóvel até congelar. O meu limite físico estava quebrado. Assim como o psicológico. Eu estava me sentindo completamente destruído. O que salvou a minha vida foi uma ideia relacionada à paixão, graças ao AC. Analisando aquela situação, ele me ofereceu o último biscoito que tínhamos levado. A água tinha acabado, não havia o que beber. Foi quando ele me lembrou que aquele domingo era Dia dos Pais. Quando saí de casa deixei a Dani com a Giulia, nossa bebê que estava com apenas cinco meses. O que me fez vislumbrar que presenteá-la com a orfandade seria um fato absurdamente impensável.

Com a paternidade, eu havia perdido o direito de morrer. A ideia de que a minha filha poderia crescer sabendo que perdera o pai numa viagem egoísta em pleno dia em que a relação entre pais e filhos é celebrada era imperdoável. O senso de responsabilidade e o amor inexplicável me levariam adiante. Levantei-me para seguirmos em frente. Naquele momento, eu descobri que existe algo muito além do limite físico — o psicológico. E depois do psicológico existe o emocional. Esse, sim, é o mais poderoso. A psicologia tem um termo que pode explicar o que aconteceu comigo: o sobrefôlego. Uma busca no âmago, uma força que não sabemos que temos, disparada por gatilhos ligados a vínculos afetivos e emocionais.

Alguns metros depois, alcançamos a Canaleta, um dos lugares mais desumanos em que já me meti na vida. É uma rampa de cascalho, pedra e gelo que você vai subindo e escorregando numa batalha constante, onde altitude e gravidade lutam juntas contra você. Cada quatro passos para a frente, escorregava dois para trás. Uma dinâmica que frustra, dá raiva e desconcentra, especialmente num lugar onde quase não há oxigênio. Um trecho que produzia uma ilusão de ótica tamanha que a cada curva você sentia que o cume estava logo ali, e quando a curva terminava, um novo suposto cume aparecia. Ficamos duas horas numa guerra mental, emocional e física. O tempo fechado, o mau tempo dando as caras e derrubando a temperatura. Só mesmo tirando forças do âmago para seguir.

Eis que passamos a ver mais céu que pedras acima de nós. Chegamos a um platô. Demorei um pouco a me dar conta de que estávamos no cume. Muito diferente do que eu imaginava, só percebi quando notei a famosa cruz em meio às nuvens brancas que nos envolviam. Abraçamo-nos efusivamente. Exaustos e ofegantes entre choro e gritos de felicidade. Anestesiados com a situação. Todas as dificuldades que passamos naquelas horas que antecederam o grito de felicidade fizeram do nosso cume um momento épico de superação coletiva.

Teria sido melhor se tivéssemos ido com eles na noite anterior? Talvez. Mas seria outra expedição. Verdade é que o fato de termos ficado sem o nosso mentor e um grande amigo fez com que eu me aproximasse de forma extrema do meu companheiro AC. Vivemos juntos os momentos que me provaram o maior valor do conceito da "irmandade da corda". Numa lição de o que fez com que a gente chegasse ao cume naquela manhã foi a soma das desistências não concomitantes. Não era invernal, era infernal. O alpinismo tem disso. É um esporte que trabalha uma das coisas mais belas das relações humanas: a confiança. Escalando, nós colocamos literalmente a nossa vida na mão do nosso parceiro. Que outro esporte tem tamanha intensidade? Ainda não conheci.

O Aconcágua invernal me mostrou a grandiosidade do nosso limite emocional, da paixão, da capacidade de resiliência, de resistência. Passar por momentos assim não é fácil. Talvez seja esse um dos principais erros que eu percebo nas montanhas que já frequentei, sobretudo recentemente. Pessoas sem o devido preparo que vão a esses ambientes para satisfazer o ego, e mais ainda em tempos de redes sociais. Supostos escaladores que praticam sem a razão correta para estar ali, com a paixão interior fora do lugar. Para mim, de certa forma, aquele evento também revelou uma certa imaturidade e ingenuidade de minha parte na ocasião. Precisei usar da memória com a minha filha para vencer uma situação que deveria ter sido previamente estimada e com seus riscos e soluções devidamente mitigados. E não naquela hora, no calor dos acontecimentos.

Um dos meus momentos mais dolorosos como pai foi no meu retorno para casa. Cheguei com uma saudade imensa da minha filha. Só que, quando nos encontramos, ela virou o rosto para mim. Eu voltei magro, barbudo, descabelado, queimado de sol. Eu era mesmo um caco de gente. Quando reencontrei a Giulia, ela agiu como se não me reconhecesse mais. Isso doeu bastante. Grudei nela nos meses seguintes para buscar reverter o cenário.

Situações como essa nos levam a questionar se o montanhismo é uma prática egoísta. Existe uma linha tênue entre egoísmo, egocentrismo e como se justificam os nossos sonhos. Realizá-los a qualquer custo pode afetar outras pessoas, muitas vezes as que mais amamos, e levar ao egoísmo. Em outras circunstâncias, ser egocêntrico é importante em certos momentos da vida para você construir as suas bases. E isso precisa ser alternado com o altruísmo. Em uma família, um sonho no contexto coletivo se transforma. Mas também pode abrir um campo de frustrações. Explico.

Imagine se um dia um dos meus filhos me perguntasse: "Pai, qual é o seu sonho?" E se a minha resposta fosse, por exemplo: "Escalar o monte Everest". E ele questionasse: "Por que você nunca realizou esse sonho?" E eu dissesse: "É que com a chegada de vocês…" Imagina que coisa horrível seria passar esse peso para um filho? Por isso penso diferente. Acho que temos de ensinar nossos filhos a sonharem e a nossa missão é mostrar a eles como se chega lá. Ensinar a sonhar, mas também ensinar a se planejar, a se preparar. Essa é a diferença de não ser egoísta. É saber que existem variáveis, como um pêndulo que às vezes tende para os outros, às vezes para si.

Acredito que a plenitude da vida vem de se exercitar o "e", a completude, não o "ou", a exclusão. Sim, podemos ser pai, filho, marido, executivo, cidadão e quantas personas mais, sem necessariamente abdicar de uma ou outra.

A VITÓRIA DO FRACASSO

Depois daquela experiência intensa no Aconcágua e do meu difícil retorno para casa com a Giulia ainda bebê, voltei destruído. A forte pressão tinha ficado toda em cima da Dani; ela estava sobrecarregada emocional e fisicamente. Conversamos bastante e achei oportuno não me expor a grandes riscos durante um tempo para focar na família e na carreira, e participar de forma mais próxima e ativa da primeira infância da nossa filha. Foi quando, em 2004, resolvi direcionar minha atenção para a paternidade, para os novos desafios profissionais e, no campo esportivo, para a escalada em rocha, o surfe, a corrida e o ciclismo, embalado pela parceria com o AC.

Naquele ano nos mudamos para o Rio de Janeiro. Foi um tempo para a gente se assentar na cidade, sentir o acolhimento que a vida urbana pode nos proporcionar e explorar tudo que ela nos oferece: praia, vida cultural, amigos e, claro, muitas montanhas. Lembro-me de escaladas épicas desse período, por vias lindas de montanhas emblemáticas que eu já conhecia bem como o Pão de Açúcar e o Corcovado. Esta segunda, na minha opinião, é a mais linda da cidade e uma das minhas favoritas. É a nossa Yosemite, só que com vista para o mar. O nosso El Capitan. Passei por tudo naquela parede. Já peguei chuva, sol quente, ventos fortes, só faltou nevar. Certa vez, em uma das ascensões, entre uma pausa e outra para descansar na parede, escutávamos conversas entre bandidos dos morros próximos que os nossos rádios conseguiam captar.

Essa fase me permitiu também novas descobertas. Para suprir a minha necessidade de seguir praticando esportes constantemente nesses anos, mergulhei no mundo de provas de resistência de bicicleta. O AC seguiu sendo um grande parceiro nessa época pós-Argentina. Juntos participamos de várias edições das provas Audax (100 km, 200 km e 300 km), do Extra Distance 800K, entre outras.

Quando chegou 2005, Vitor e Rodrigo, experientes com o recém-celebrado sucesso do nosso Aconcágua invernal, estavam se preparando para escalar o Everest ainda naquele ano. Confesso que fiquei muito tentado a embarcar na aventura. Eu até tentei buscar patrocínio para ir junto, mas não consegui. Se eu tivesse captado recursos para esse projeto, teria de renegociar em casa, porque acho que valeria a pena. Mas não foi preciso. Em 2006, haveria outra chance de realizar o sonhado Everest com Rodrigo e Vitor, porém, com minha carreira profissional evoluindo bem, uma mudança de emprego fecharia as portas para a expedição. O ano de 2006, no entanto, acabou sendo um dos mais marcantes da minha vida devido a outro acontecimento.

Vitor, que tinha feito o cume no ano anterior, voltou naquele ano para mais uma tentativa pela face norte. Dessa vez em solo, sem oxigênio. Todos nós ficamos acompanhando de longe e torcendo muito por ele. Segui da maneira que dava naquele tempo e ia recebendo, de forma espaçada, notícias de sua subida. No dia do cume, passamos a noite em claro conectados em todos os meios possíveis sem receber nada de como estava ocorrendo o ataque ao cume. Já na manhã seguinte, a caminho do trabalho, recebi uma ligação do AC e, pelo tom de sua voz, senti que não vinha coisa boa.

— Roman, o Vitor morreu.

Perdi meu chão. Ele era um parceiro, um amigo e, pela primeira vez, eu sentia a dor da dualidade do montanhismo. Sem saber muito o que falar naquele momento, eu só pensava na Marina, a mulher dele, e em seus dois filhos pequenos. A morte do Vitor representava um choque de realidade, um tapa na cara. Foi um sentimento de derrota, de tristeza, de revolta até. Havíamos perdido um amigo, um montanhista, um pai e um grande ser humano. Foi uma comoção nacional na época, principalmente na comunidade da escalada. Sobretudo para os mais íntimos, como Rodrigo, AC, Totó, Aninha e eu.

Vivíamos um momento lindo, cheio de conquistas pessoais. Frequentávamos uns as casas dos outros havia anos com as famílias que estávamos construindo. Foi uma perda brutal e repentina, que revelou uma grande vulnerabilidade em mim. Ele, que treinava muito, era uma referência esportiva. Bem mais experiente e forte do que eu na montanha. Foi um choque que me mostrou que, para realizar o sonho de fazer certas montanhas, eu teria de me preparar muito mais para poder me sentir em segurança.

Quando Vitor faleceu, eu não me sentia mais um alpinista; me via como um turista tropical que gostava de viajar para a montanha nevada. A dor me trouxe uma síndrome de impostor, me fez repensar muita coisa. Motivo pelo qual resolvi fundamentar ainda mais as minhas competências antes de pensar em escalar o Everest novamente. Era hora de calçar as sandálias da humildade e reconsiderar os planos.

Em 2007, quando as coisas em casa se estabilizaram e Giulia já passava dos três anos, resolvi retornar às altas montanhas. Foi quando decidi fazer uma expedição ao Denali ou McKinley (6.194 m), no Alasca, naquele que seria o meu segundo dos sete cumes. Estávamos eu, Aninha, Andrew, Pepe, Edu e Clayton, que mais uma vez cobria esse nosso novo desafio para a Globo. Expedições ao Denali são feitas de forma autossuficiente. Ou seja, um aviãozinho pousa no vale de gelo, deixa os montanhistas e só volta três semanas depois para buscá-los. Sem guias e sem carregadores. É preciso estar muito bem preparado e ter experiência e capacidade de resiliência para encarar um período tão longo em um lugar tão inóspito.

Depois da vivência no Aconcágua eu me sentia pronto. Mas foi preciso me acostumar com a rotina de puxar o trenó de equipamentos e construir acampamentos de iglus pelo caminho. A subida pelos cinco acampamentos foi duríssima. Puxei 120 kg de equipamentos e mantimentos ao longo de 32 km de subida, fora os outros 32 km para regressar, ainda que mais leve. A expedição durou um total de 18 dias com mais de 4.000 m de elevação. Nesse percurso, o grupo ia construindo, com as pás, abrigos de neve, em um formato de "meios" iglus, para proteger nossas barracas de voarem com os ventos.

A experiência que ganhei nessa montanha foi a de como não se deve fazer uma expedição. Por uma série de motivos. Nosso grupo não funcionou. Quando percebemos que havia interesses individuais que estavam prevalecendo sobre os objetivos coletivos, nosso senso de equipe ruiu e o grupo rachou. A gota d'água aconteceu quando parte do grupo avançou muito deixando os integrantes mais lentos e desgastados para trás, que iam inclusive abandonando parte da carga no caminho pela dificuldade de seguir com o peso até o acampamento. O que gerou um prejuízo não só logístico, mas também emocional e energético. Alguns dos problemas poderiam ter gerado sérias consequências, podendo até ter sido fatais. Nosso senso de time havia sido rompido junto com o elo de confiança que deve estar presente na irmandade da corda.

No dia do ataque ao cume, o tempo estava fechado. Quando saímos, a outra parte da equipe já havia saído. Devido ao frio intenso que Aninha sentia e o mal-estar digestivo que eu sentia, resolvemos voltar às barracas. Enquanto esperávamos o retorno dos nossos amigos, escutávamos a previsão do tempo: uma tempestade a caminho traria sete dias de mau tempo. Nossos amigos retornaram com a notícia de cume, assustadoramente exaustos e destruídos. A tendência era de piora no clima a cada hora, mas não tínhamos escolha senão tentar. Quanto mais a gente se aproximava do cume, piores as condições ficavam. Assim mesmo avançamos, o que nos fazia acreditar que conseguiríamos bater a meta e descer o quanto antes sem hesitar. Quando chegamos à aresta do cume, que estava a 20 m de nós, os ventos fortes começaram a nos jogar para o lado, impossibilitando qualquer avanço ou recuo. Estávamos "presos" ali, hesitando se teríamos condições de seguir para o cume, enquanto a tempestade rapidamente se aproximava.

Rajadas violentas faziam as nossas roupas de vela e saímos alguns centímetros do chão como se fôssemos pipas. A única coisa que eu pensava era "O que eu preciso fazer para não sair voando?" No montanhismo há um termo para essa situação: *blown off*. É quando se é assoprado, literalmente, montanha abaixo. As horrendas histórias de desastres não saíam da minha cabeça. Eu já nem pensava mais no cume, apenas em sobreviver. Estávamos totalmente expostos e buscamos proteção nos curvando contra o vento e cravando piquetas e *crampons* como uma precária forma de ancoragem. Por meia hora, nos digladiamos com o vento. O congelamento era iminente e o que nos mantinha vivos era a corda enrolada na piqueta cravada na montanha. Éramos pipas humanas prestes a alçar voo. Foi a primeira vez que, só naquele dia, eu quase morri. Outras ainda viriam.

No local onde estávamos, até mesmo voltar não era uma opção, encurralados na aresta sem poder ir para a frente ou para trás por cerca de meia hora. Enfrentar uma sensação térmica que deveria estar em torno de -40ºC e ainda encarar a dúvida se conseguiríamos sair vivos daquela situação não ajudava em nada. Porém, na primeira oportunidade que as rajadas deram uma breve trégua e sem a possibilidade de nos comunicarmos, descer era o consenso óbvio. Assim, fugimos dali da forma que era possível, nervosos, abalados e desajeitados, o mais rápido possível, tropeçando e cambaleando.

Mais adiante, em um lugar mais protegido dos ventos, conseguimos, finalmente, nos reunir e discutir o que fazer. Por instinto peguei a câmera e fiz uma filmagem emocionante daquele momento. Aninha, com o rosto coberto de neve, tentava explicar a situação. Olhávamos um para o outro e só víamos as lágrimas congeladas sobre nossos rostos pálidos. A decisão era óbvia demais, porém frustrante. Demos, então, sequência à nossa descida. Ao passar pela "Autoban", trecho que ganhou esse apelido por ter sido o local onde um grupo de alpinistas alemães anos antes sofrera um acidente fatal, passamos pelo segundo susto — uma travessia de parede inclinada de neve e gelo duros, com enorme risco de quedas e avalanches.

A gente nem conversava de tão tensa que a situação ficou. Em determinado momento, no meio da passagem, Aninha escorregou e começou a deslizar morro abaixo. O tranco da corda presa a mim me catapultou e comecei a escorregar metros acima dela, sem conseguir frear com a minha piqueta. Todo aquele treinamento de autorresgate e as simulações nos anos anteriores foram inócuos; eu simplesmente não conseguia parar a queda. Rolando montanha abaixo, acelerado pela gravidade, eu engolia neve a cada respiração.

Já quase sem fôlego e sem esperança, senti o alívio do peso na corda. O peso da Ana já não me puxava para baixo e, em um último instinto de sobrevivência, cravei a piqueta na neve fofa. Nossa sorte foi que Andrew, o primeiro da cordada, teve tempo e reflexo suficientes para travar a queda de nós dois. Quando paramos, eu e Aninha, nos demos conta de que estávamos a poucos metros de uma fenda que nos daria um fim trágico na base daquela rampa de neve e gelo, prestes a sermos soterrados por qualquer deslizamento. Sem tempo de nos recompor e com medo de uma avalanche, sem muitas palavras, traçamos uma rota rápida para sair, de vez, daquela situação com neve na cintura, enquanto escutávamos o estalar de placas se soltando e o início de uma avalanche em nossa direção.

Chegamos exaustos ao Campo 5. A outra parte da equipe havia decidido deixar o acampamento antes da nossa volta acreditando que ficaríamos bem. Havia um combinado prévio de divisão de cargas. Mas, quando chegamos, percebi que tinham deixado para trás um peso excessivo para eu carregar. Estávamos famintos, fracos, amedrontados e não havia água nem comida. Sem a equipe para apoiar, na chegada, iniciamos um processo de três horas para sair da barraca, pegar gelo e descongelar para fazer água e cozinhar. Apesar da total exaustão, não havia tempo para pausas, a tempestade havia chegado e a previsão era de que duraria entre sete e dez dias, muito além dos nossos mantimentos. Tínhamos de descer... e rápido.

Com o excesso de carga da mochila que pesava aproximadamente 30 kg, somado à minha exaustão, eu descia com muita dificuldade. Quando chegamos às cordas fixas, o trecho mais inclinado de toda a montanha, me deparei com um dilema. Estava cansado demais para descer com todo aquele peso, mas não se pode deixar nada para trás naquela montanha. Pressionado pela tempestade e já avistando o Campo 4, busquei os últimos recursos mentais e emocionais para descer com a mochila cheia. Graças à minha longa e intensa experiência em escalada de rocha, resolvi fazer um nó de backup, que me daria a mobilidade necessária enquanto eu descia e travaria em uma eventual queda — o famoso nó de Prusik. E foi isso que salvou a minha vida. Em determinado momento, minhas pernas não suportaram mais o peso e simplesmente desmontaram, fazendo com que o meu corpo desabasse acelerando, em direção a Aninha.

— Queda! — exclamei desesperado.

Aninha olhou para cima e em uma fração de segundo gritou:

— *Crampon*! — alertando sobre o equipamento de sola com pontas metálicas afiadas preso às minhas botas.

Tempo suficiente para que eu reagisse e abrisse as pernas antes do impacto. Ficamos embolados, exaustos, de cabeça para baixo a um metro do fim da corda. O nó de Prusik havia cumprido sua função. Por sorte, vinha subindo um grupo de canadenses que nos deu apoio. Eles nos ajudaram a aliviar o peso e nos acompanharam até o Campo 4. Foram uns verdadeiros anjos da guarda naquela situação.

Destruídos no Campo 4, montei uma barraca do jeito que deu e começamos a abordar integrantes de outras expedições para doar tudo que era peso excessivo, como combustível, alimento etc. No Denali, os alpinistas não podem deixar nada para trás. Apenas suas pegadas. Depois de refletir um pouco e pensar na estratégia de descida da montanha, tomamos a decisão de descansar e ir direto para o BC, em uma esticada, em vez de fazer o trajeto em frações, como nós havíamos previsto originalmente, parando nos outros campos.

Eu ainda teria de passar quase 20 horas descendo até chegar ao BC para evitar ficar preso na montanha por uma semana a mais. E do ponto de vista da resiliência, essa seria a minha maior prova de fogo até então. Por lá também vimos outras equipes com dificuldades. Um dos integrantes de outra equipe estava com *snowblind*, uma espécie de "cegueira temporária" causada por uma queimadura na retina. Dei meus óculos de alta montanha para ajudá-lo a proteger os olhos e permitir que pudesse voltar. Meses mais tarde, já em casa, recebi de surpresa os óculos, sem que eu os tivesse pedido.

Essa expedição me trouxe grandes lições que também aplico na minha vida profissional, sendo a mais importante a do discernimento. Por mais paradoxal que pareça, eu percebi que o meu maior objetivo de escalar uma montanha é chegar de volta em casa. O cume é só a metade do caminho. Aprendi que ele era apenas a meta parcial e que, em última instância, era opcional. Essa sutil diferença de objetivos pode ser vital ou… fatal.

Resumo essa experiência como o sucesso da derrota. Uma vez ouvi de um sábio sherpa em uma expedição no Himalaia que revelou para o grupo: "Eu só confio em escaladores ocidentais que já tenham decidido voltar atrás a poucos metros do cume." Essa frase teve tudo a ver com o que aprendi no Denali. Mas, talvez, o maior insight tenha sido o que ouvi do meu pai quando voltei: "Roman, a vida inteira você conseguiu o que quis. E eu ainda não havia conseguido te ensinar uma das mais importantes lições para a paternidade: aprender a renunciar; não desistir, mas renunciar em prol de algo maior. Agora, acho que na montanha você finalmente aprendeu."

AVENTURA VS. EXPEDIÇÃO

Em 2007, após ter assimilado bem aquilo que a maior parte da comunidade de alpinismo de alto rendimento entende como fracasso — o fato de não ter chegado ao cume no Denali —, eu estava focado no próximo desafio. O Denali me mostrou que eu precisava de algo mais técnico; e que já estava pronto para os Himalaias.

Foi quando escolhi embarcar, em 2008, para minha jornada de estreia aos Himalaias e tentar fazer o Ama Dablam (6.812 m), montanha que o Vitor sonhava escalar. Lembro-me dele falando do Ama, os olhos brilhando quando voltou do Nepal pela primeira vez contando que existia uma montanha bem mais bonita e imponente que o Everest. Ergue-se solitária a quase sete mil metros em meio a outras muito mais baixas e é facilmente avistada ao longe. Seu formato piramidal chama a atenção de quem a vê fumegante no céu durante o pôr do sol da perspectiva de quem está no vale do Khumbu, aos seus pés em Dingboche, no caminho do Acampamento Base do Everest.

A minha primeira experiência no Nepal seria, então, naquela que considero uma das montanhas mais lindas do mundo e onde eu faria uma espécie de tributo pessoal e silencioso ao meu amigo. Além de ser um desafio técnico grandioso, teve também um componente de ineditismo, já que nenhum brasileiro a havia escalado até aquela data. Apesar de ter praticamente a mesma altitude do Aconcágua, é uma montanha bem mais difícil. Por isso, entendia a possibilidade de escalar o Ama Dablam como uma oportunidade de dar um passo evolutivo importante no meu desenvolvimento como alpinista, na minha longa trajetória de preparação para a montanha mais alta do mundo.

A chegada a Katmandu foi marcante em meio àquela típica confusão. Foi emocionante presenciar a espiritualidade na cultura nepalesa, que se divide majoritariamente entre o hinduísmo e o budismo. Lá conheci o experiente alpinista e líder de expedições Henry Todd, o escocês que se tornaria meu grande mentor nos Himalaias nos anos seguintes. Depois da subida ao Denali, Aninha, Andrew e eu voltamos a integrar o mesmo grupo, mas em um formato mais independente. Cada um teria um parceiro de escalada e cada dupla teria estratégia e cronograma de ascensão próprios. O meu parceiro foi Lakpa Sherpa, irmão de outra personalidade especial do vale do Khumbu, o Pasang Dawa Sherpa, que conheci pessoalmente quando eu estava com Aninha e que também se tornaria um grande amigo e companheiro de outras escaladas.

Com uma bandeira do Brasil na mochila, dias antes do restante do time, peguei o voo para Lukla, onde desembarquei pela primeira vez no aeroporto mais perigoso do mundo. No trajeto fui mergulhando na cultura local e fiz sozinho o trekking até Pangboche, absorvendo tudo que podia sobre aquele ambiente. E vi, lá no horizonte, aquela ponta preta atrás da cadeia montanhosa. Era a primeira vez na vida que eu avistava o Everest. Tudo era novidade. Entre os momentos mais espetaculares, destaco uma conversa de quatro horas que tive com um monge de um templo em Tengboche. Foram instantes de abrir a cabeça, maravilhosos; foi incrível ver a perspectiva única que aquele indivíduo tinha da vida, daquele lugar e do mundo, incluindo até a visão que ele tinha do Brasil, sem nunca ter saído daquele vale sem televisão, celular e internet.

O vale do Khumbu atrai caminhantes de todos os tipos e de todo lugar do planeta. É uma das rotas de trekking mais desejadas. Reúne também gerações. Pais, filhos e netos caminham juntos. No trajeto, também tive o prazer de conversar longamente com Etienne, um senhor francês de Chamonix — uma das mecas do alpinismo mundial. Aos 75 anos, tinha acabado de perder a esposa. Com os filhos crescidos, ele resolveu partir em uma viagem solitária. Parecia um eremita, andando com uma mochila gigante que cobria grande parte do seu corpo. Estava caminhando por três meses, transformando seu luto em vivências sociais, espirituais e esportivas.

Em uma das casas do caminho vi uma inscrição que anotei na minha memória para sempre: "Se você perder dinheiro, nada se perde. Se você perder saúde, algo se perde. Mas, se perder caráter, tudo se perde." Pedi abrigo ao dono e passei uma noite mergulhado na riqueza sociocultural daquele vilarejo. Um ensinamento que levei para a vida. Ao me juntar a Henry, captava o máximo de informações que podia, com uma atitude de aprendiz. Começamos a ascensão ao Acampamento Base com muitas conversas. Eu me lembro de que, quando chegamos ao Campo 1, nos sentamos numa pedra e, depois de um silêncio para contemplarmos a vista, ele disse: "Isso daqui é sobre humildade e respeito." Essa frase curta e cheia de significado me marcou como uma das mais fortes sínteses do montanhismo nos Himalaias que eu tinha escutado até então.

Depois de alguns dias de aclimatação, começamos a partida em direção ao topo. Aninha infelizmente teve de abandonar a expedição por causa de um deslocamento no ombro. Andrew seria o primeiro do grupo a atacar o cume e eu iria na sequência. Nossa chegada ao Campo 2 foi emblemática. O acampamento mais parecia um ninho de passarinho, com pouco espaço para algumas barracas no alto de uma torre de pedras. Simplesmente não havia espaço para a nossa. Fiz fotos memoráveis daquele ambiente como quem buscasse registrar a imagem do paraíso. Física e simbolicamente, eu jamais tinha estado tão perto do Everest. E só pensava: "Estou chegando." Em seguida partimos direto para o Campo 3.

O local onde em geral fica o C3 é extremamente perigoso e conhecido por desastres épicos. Em 2006, uma avalanche de seracs matou um grupo de escaladores russos bem no lugar onde seria o nosso Campo 3. Assim, nosso plano foi fazer um acampamento intermediário, carinhosamente apelidado de Henry's Camp ou Campo 2.7. A ideia era fazer o ataque ao cume a partir do C2.7 e retornar direto para o C1.

Foi uma escalada linda e tecnicamente muito desafiadora, cheia de arestas com visuais incríveis, como o do próprio Everest, Pumori, Nuptse e Lhotse, onde precisávamos de atenção em cada pisada e no equilíbrio durante 100% do tempo durante a travessia de paredes muito íngremes e cornijas* prontas para desabar.

Alcancei o cume muito emocionado e gravei um vídeo para registrar o momento. Ao ver a imagem, tempos depois, notei que cheguei lá com algum nível de hipóxia por ter ficado cerca de cinco minutos sob um vento forte e temperaturas baixíssimas — dedos congelados procurando a bandeira que tinha levado na minha pequena mochila para fazer a foto oficial da primeira ascensão brasileira. Objeto que eu levaria apenas alguns segundos para pegar. Sob aquelas condições deveria ainda retornar ao Campo 1, segundo o planejamento original.

Passamos pelo C3, descansamos um pouco, aquecemos os pés, desmontamos o acampamento e descemos. Depois de 13 horas (no total) escalando e "desescalando", chegamos de volta ao Campo 2. Eu estava exausto. Passamos um rádio para o Henry pedindo para ficar no C2. Ele insistiu que não, que fizéssemos um esforço para seguir direto ao C1, onde nosso acampamento estava montado e com mantimentos à nossa espera. Avaliei a situação e achei arriscado desescalar a parte mais técnica da montanha debilitado, exausto e já com muito frio. Foi quando decidi ficar, nem que

---

* Uma cornija de neve, ou apenas cornija, é uma acumulação de neve numa aresta, tergo ou crista de uma montanha, causada pelo vento. As cornijas de neve são extremamente perigosas para os montanhistas.

fosse ao relento. Seria mais seguro para mim do que descer sem confiar nas minhas pernas. Com experiência de décadas em expedições pelas mais altas montanhas do planeta, Henry havia pedido para esconderem sob uma rocha do C2 uma barraca de emergência. O planejamento de Henry fez toda a diferença, dando-nos segurança para que a barraca pudesse nos oferecer mais 10 ou 15 graus de conforto durante aquela noite gelada enquanto nos recuperávamos. E foi nela que eu e meu parceiro passamos a noite, sentados, com as pernas penduradas no abismo e metade do corpo preso na encosta.

Ali, eu aprendia uma grande lição: a verdadeira diferença entre aventura e expedição. Para esta segunda planeja-se o impensado. O uso de uma experiência a seu favor pode fazer a diferença entre a vida e a morte. Terminamos aquele longo dia com uma dose de generosidade e fraternidade. Um grupo de alpinistas taiwaneses nos ofereceu água e um pouco de sopa quente para nos aquecer e nos alimentar naquela noite para a descida final no dia seguinte.

Aquela foi a pior noite da minha vida. Fiquei 45 minutos esquentando meus pés e senti a circulação parar nas pernas. Eu estava passando nitidamente por estágios de congelamento. Consegui cochilar muito pouco de tanto frio naquele desfiladeiro, sem isolante térmico, parcialmente exposto ao vento e com muito medo. Contudo, o sol nasceu e trouxe um outro cenário. Com o corpo mais quente, meu moral foi se aquecendo junto com o ambiente, e ganhei forças para seguir a descida e aproveitar a felicidade do momento e do meu feito pessoal.

Henry me apresentava uma outra escola de montanhismo. Outro nível na forma de abordar riscos. Fazia-me parecer amador perto dele. E, de fato, até certo ponto eu era mesmo. Foi um tapa de humildade na cara. Minhas experiências, por mais que algumas tivessem obtido sucesso, davam-me a sensação de que eu jogava na série B do Brasileirão enquanto aqueles ali estavam na Champions League do montanhismo mundial. A partir daí, passei a usar essa lição em tudo. Nas palestras, comumente provoco a plateia: de que forma você encara sua carreira, casamento, educação dos filhos? Como expedição ou aventura?

Entre os maiores aprendizados, o Ama Dablam me ensinou muito sobre planejar, antecipar e mitigar riscos; entender a diferença entre fazer uma montanha no modo aventura turística e uma expedição com todos os detalhes pensados. Sinto uma gratidão enorme por tudo que aprendi com Henry e Lakpa. A única coisa que me chateou foi o fato de ter me sentido um pouco sozinho, pois meus companheiros de viagem não estavam mais na montanha quando eu desci. Andrew, que fez o cume horas antes de mim, já havia partido. Para piorar, ainda torci o pé e cheguei à base da montanha mancando. E sem ninguém para compartilhar nem comemorar. Como conforto, a memória do Vitor estava comigo e me fortalecia. Ele estaria bem orgulhoso de mim se estivesse ali vendo o amigo escalar aquela montanha com a qual tanto sonhara.

No regresso ao Brasil, retomei minha vida profissional, mas segui pensando em qual seria o próximo passo para a minha evolução como alpinista. Não tardou e, em 2009, fechei uma nova expedição com a equipe do Henry. Dessa vez rumo ao Manaslu, também no Himalaia, que seria a minha primeira montanha acima dos oito mil metros de altitude, a oitava mais alta do mundo. Minha preparação estava indo bem semanas antes da partida, quando meu filho Vitor foi diagnosticado com H1N1, a gripe suína, que se alastrava pelo Brasil. Inteiramente focado, ao lado da Dani, na recuperação dele, resolvi cancelar minha participação na expedição. As notícias que vieram do Nepal dias depois foram devastadoras. Uma avalanche havia atingido vários alpinistas, com consequências fatais, incluindo a expedição do Henry. Foi um baque saber daquelas mortes de potenciais parceiros de barraca. Tive um sentimento muito angustiante, como um passageiro que não embarcou num avião que acabou caindo. Alguns dos meus conhecidos que souberam que eu poderia estar lá vieram me falar que tinha sido Deus que havia me protegido me tirando daquele grupo.

Assim que meu filho se recuperou, achei que seria um bom momento para me reconectar com outras paixões, me desopilar, buscar um equilíbrio entre as minhas atividades e aproveitar as passagens que já estavam compradas. Decidi viajar sozinho rumo a Sumatra e Indonésia para surfar à procura de algo novo, do desconhecido e do incomum, e ao mesmo tempo me afastar da rotina de trabalho. Foi um momento para descongelar meu espírito daqueles últimos anos intensos em alta montanha. Sem riscos, sem frio, sem avalanches. Morei em um barco com novos amigos e naveguei de pico em pico de surfe; usei esse tempo raro para recarregar as baterias realizando outros sonhos. Eu tenho muitos interesses e gosto de atividades variadas. Os últimos anos tinham sido muito focados em família, trabalho e expedições desgastantes. Foi essa viagem que me trouxe a leveza necessária para descansar, relaxar e me recolocar nos eixos mentalmente e tentar também esquecer o que havia ocorrido no Manaslu. Eu estava precisando de uma pausa das montanhas.

Passei um mês surfando pelas paradisíacas ilhas Banyak e depois em Bali. Estava tão relaxado e me sentindo em outra dimensão que cheguei a pensar que tinha visto Julia Roberts, Penélope Cruz e Javier Bardem na praia de Padang-Padang. Meses depois, assistindo com a Dani ao filme *Comer, rezar e amar*, reconheci aquela praia, aquela cena. Eu estava lá no momento da gravação e nem percebi.

Depois daquele ano de restauração pessoal, em 2010 me senti pronto para seguir evoluindo e tentar, enfim, fazer meu primeiro "oito mil". Cheio de autoconfiança, tinha treinado demais ao longo do ano e estava muito bem fisicamente. Em outubro parti com o time do Henry para o Shishapangma (8.027 m), uma montanha remota no Tibete que representaria uma forte jornada espiritual. Para escalá-la é preciso uma organização burocrática complexa, com autorizações especiais para turistas concedidas pelo governo chinês.

Já na fronteira, vivi o primeiro momento de tensão. Quando os líderes da expedição souberam que meu livro da expedição seria *A arte da felicidade*, o best-seller do Dalai Lama que havia sido recomendado pelo amigo Vitor, olharam para mim espantados como se eu estivesse carregando uma bomba; levei uma bronca. Segundo eles, essa obra era banida pelos chineses e se eles a vissem comigo no momento de cruzar a fronteira a nossa expedição poderia ser comprometida. Pegaram meu livro e o jogaram fora do alto de uma ponte antes que alguém percebesse e desse problema.

Quando, enfim, conseguimos adentrar o território tibetano, vivemos momentos memoráveis. Saímos para o caminho passando pelas gargantas montanhosas, atravessando os Himalaias até os altiplanos. Havia vida acima dos cinco mil metros; conchas e estrelas-do-mar incrustadas nas pedras revelavam um terreno que um dia foi mar. Conversei com nômades e fiz escambo de mercadorias.

Uma das experiências mais marcantes da expedição aconteceu logo no início do período de aclimatação. Certo dia, fui caminhar em busca de sinal de celular para ligar para casa e acabei pegando no sono numa pedra onde me deitei para descansar. Sonhei que a minha filha Giulia e o Edu, então seu melhor amigo, ambos com cerca de seis anos, estavam mais velhos, já com uns 15 anos, conversando no sofá da minha sala. Quando acordei, já tinha sinal e uma mensagem da Dani contando que justamente o Edu, com quem eu tinha acabado de sonhar, tinha sido internado na UTI com meningite, com a audição comprometida e poucas chances de sobreviver. Mandei uma mensagem para seus pais e contei o meu sonho para tentar confortá-los. Não sabia se era uma espécie de *déjà-vu* ou premonição e, fosse lá o que fosse, entendia aquilo como uma luz de esperança e de que tudo acabaria bem. Sou ateu e não sou ligado a misticismos. Mas, no fim, de fato, para o alívio de todos, ele não só sobreviveu como recuperou parte da audição.

Montamos o nosso acampamento na região norte do Himalaia e nos instalamos em um terreno vasto e distante da civilização. Na ida, um dos cozinheiros da expedição se perdeu. Fui dormir preocupado com aquilo. No meio da madrugada, acordei estranho e com a sensação de que tinha alguém defronte à minha barraca. Abri o zíper e vi um sherpa na minha frente apontando para o vale e falando "lá embaixo". Tomei um susto e voltei para dentro da barraca. Sem saber se estava sonhando ou acordado, logo a abri novamente, mas não havia ninguém lá fora.

Na manhã seguinte, contei para as pessoas o ocorrido. Ainda sem entender direito se estivera ou não consciente. No jantar daquele mesmo dia, de repente, entra um sherpa na barraca-refeitório e, com uma voz idêntica ao visitante noturno misterioso, diz que uma equipe de buscas havia descido e encontrado o homem "lá embaixo". Fiquei arrepiado quando escutei aquilo e os sherpas que tinham ouvido a minha história, muito espiritualizados, passaram a me respeitar mais.

Seguindo a expedição, chegamos a progredir para o Campo 2. À noite, quando eu me deitava na barraca, ouvia o rosnar das avalanches a todo instante por todos os lados. Parecia que a montanha estava derretendo. Era amedrontador. Os sherpas que montariam os campos superiores não conseguiam mais avançar pela força das *jet streams** que destruíram todo o Campo 3 que eles estavam tentando preparar para nós, devastando equipamentos e transformando nossas barracas em pipas voando pelo ar. A expedição do "Shisha" não pôde ser concluída como o esperado. Estávamos na temporada pós-monções e os nativos falavam como as mudanças climáticas estavam impactando o clima da temporada de escalada, trazendo *jet streams* mais cedo com correntes de vento de 200 km/h a 500 km/h. Henry, então, decidiu abortar a expedição dadas as condições. Tivemos de abandonar a montanha após alcançar os 6.800 m.

Se do ponto de vista simbólico e místico a viagem era muito reveladora, deu errado em vários aspectos. Foi para mim uma grande frustração, pois me sentia muito bem e plenamente capaz de ir além. Contudo, naquela temporada ninguém fez cume no Shisha. Guardo essa experiência como uma montanha espiritual, que aguçou alguns sentidos meus até então pouco explorados e que me aproximou com um outro lado meu que estava esquecido. O esporte é o meu templo. É a forma como eu me conecto com o universo, com a natureza.

Apesar do desfecho não ter sido o meu esperado no Tibete, a viagem serviu como um excelente treino e voltei para o Rio me sentindo no ritmo e no espaço mental ideal para o próximo grande passo. Sentia-me pronto e confiante. Era hora de realizar meu grande objetivo. Foi quando decidi, finalmente, fechar com Henry o meu lugar para a temporada do Everest de 2011.

O meu sonho nunca tinha estado tão perto.

---

* Correntes de jato: ventos fortes de altitude.

TINHA UMA PEDRA NO MEIO DO CAMINHO

No retorno do Shishapangma para o Rio, eu estava na minha melhor forma física da vida. Um monstro. Corria o equivalente a uma maratona por semana. Era o sprint final para o meu embarque rumo ao Himalaia. Para simular o fardo da mochila na altitude em pleno ambiente tropical, puxava pneus amarrados pela cintura na areia da praia e nas subidas da Floresta da Tijuca. As pessoas me olhavam na rua como se eu fosse um maluco. Eu também praticava ciclismo, com bastante frequência, objetivando aumentar a minha condição cardiovascular. Duas vezes por semana eu saía da minha casa, no Jardim Botânico, pedalava com ganho de elevação de mais de 1.500 m até o Cristo Redentor e voltava para casa. Ficava, em média, três horas por dia em cima da bicicleta antes de ir trabalhar.

Os astros estavam alinhados a meu favor ajudando a me organizar na tentativa de escalar o Everest, algo extremamente difícil de acontecer. É sempre um desafio imenso conciliar minha vida profissional com meu lado de montanhista, combinando rotinas de treinamentos, compromissos familiares, trabalho, responsabilidades, férias e finanças para uma façanha tão longa e cara. Toda a evolução que eu tinha atingido nas montanhas ao longo dos últimos anos, somada ao meu estado físico, pessoal, emocional e familiar, me motivou a acreditar que era o momento certo de tentar.

O dia 15 de fevereiro de 2011 reservava uma mudança radical no curso da minha vida. Quarenta dias antes da minha partida para o Everest, eu tinha marcado um treino de bicicleta com um amigo que cancelou na véspera. Naquela manhã, acabei indo sozinho fazer o tradicional passeio, passando pela Vista Chinesa e terminando na Mesa do Imperador, no Parque Nacional da Tijuca. Durante a subida, encontrei um amigo, o Lúcio Oliveira, com quem acabei pedalando junto naquele dia que aparentava ser como qualquer outro. Lá no alto, conversamos rapidamente e admiramos a exuberante paisagem. Na descida, já perto de casa, quando vinha descendo numa velocidade normal de cerca de 40 km/h, de repente, um carro fez uma conversão irregular à esquerda, cruzou a pista e me pegou em cheio, de frente.

Tudo passou muito rápido, como em uma fração de segundos, porém cada batida do coração, cada som, cada sensação e sentimento se mantêm com uma vivacidade única até hoje. Eu me lembro da elasticidade do tempo representada por uma sequência de sons daquele estado de vigília que foi instantaneamente acionado. O choque seria inevitável. Pensei em me preparar para ser projetado com o menor baque possível, levantando-me um pouco do selim, e tentar rolar quando tocasse o asfalto. Já não tinha mais controle. Era passivo na situação como um figurante de acontecimentos inevitáveis. Com o atropelamento, fui projetado, girando, até cair alguns metros adiante, já ciente de que a minha perna estava quebrada.

Com a explosão da dor, urrei de raiva, de agonia e de consternação. Até hoje eu sonho com aquele momento. A memória da dor ainda vem durante o sono. E a dos sons daquela situação ainda ecoam involuntariamente. Lúcio, que estava uns trinta metros atrás de mim, viu atônito tudo acontecer. Ele foi o primeiro a me acudir e a pedir ajuda. Meu temor inicial foi o de ter quebrado a coluna. Depois de tentar mexer meu pé para ver se conseguia movimentá-lo, veio o alívio — uma gota de esperança. Eu não tinha a menor ideia da via-crúcis que atravessaria dali em diante. Tentei separar o racional do emocional, mas sabia que aquela fatalidade poderia retardar ainda mais o meu grande sonho de escalar o Everest. Só temia que estragasse o projeto por completo e... para sempre.

A motorista que me atropelou demonstrou zero compaixão e nenhum sentimento de culpa ou empatia. Em nenhum momento ela me perguntou se eu, quebrado e ensanguentado no chão, estava bem. Até os policiais me trataram como culpado, apesar de terem ouvido de muitos que o carro tinha feito a curva irregular e atropelado uma pessoa que ali estava estatelada. Aquela cena era a síntese de como ciclistas ainda são maltratados no Brasil, inclusive pelas autoridades. Mas o meu foco ali não era provar que eu estava certo. Eu queria, sim, sair daquela situação e ficar bem o mais rápido possível. A minha perspectiva era apenas de sobrevivência. O que tinha de foco estava concentrado em estabilizar a fratura no fêmur e diminuir aquela dor que me queimava num pensamento linearmente pragmático.

Lúcio manteve aquela discussão longe de mim, me deu o apoio que eu precisava ali no calor da situação e tranquilizou a Dani que acabara de chegar. Foi bom demais vê-la ali. Ela teve inteligência emocional, se lembrou de uma referência médica e tomou rapidamente as devidas providências. Com a sua chegada eu me acalmei. Mal sabia eu que ela já tinha feito contato com meio mundo para que eu pudesse ter um bom atendimento no primeiro diagnóstico e seguir com o que fosse necessário. Ficou nervosíssima na hora, claro, mas tomou conta da situação com enorme eficiência.

Com uma dor insuportável e cansado depois de pedalar e ficar aquele tempo todo no asfalto esperando pela ambulância, minha passagem pelo Hospital Municipal Miguel Couto não foi fácil. Quanto mais me imergia no universo hospitalar na condição de paciente, mais parecia nebuloso meu futuro. E eu pensando comigo mesmo: o que seria da minha vida profissional? Como resolver as pendências do trabalho? Terei sequelas? Minha perna vai ficar boa? Vou conseguir retomar aquela forma física excelente que tinha conquistado até o momento do acidente? Voltaria a praticar os meus esportes? Eram muitas incógnitas.

Transferido para o Hospital Samaritano, fui atendido e operado pelo Dr. Alcino Affonseca, tido como um dos melhores cirurgiões-ortopedistas do Brasil. A cirurgia teve de ser feita no dia seguinte para que a equipe estivesse preparada e com todos os instrumentos cirúrgicos necessários disponíveis. O procedimento, que durou cerca de oito horas, foi interrompido diversas vezes pela equipe médica em decorrência de uma forte hemorragia. O meu caso era grave. Eram muitos os fragmentos e enormes as dificuldades para unir todos os pedaços a fim de reconstituir a estrutura óssea o mais perto possível da perfeição.

Até hoje não me lembro do trajeto que fiz da enfermaria até a cirurgia. Depois da operação, foram dois dias no CTI, mas para mim a percepção temporal foi de uma semana. Dopado, perdi a noção do tempo. Fiquei estável à base de medicamentos, dormindo ou semiacordado. Tive de me reeducar para enfrentar a situação. Busquei um pragmatismo robótico que distorcia a realidade para um tamanho que se tornasse assimilável. Eu tinha de ser processual como uma máquina para fazer o que tivesse de ser feito. A vida não dá a opção do que vai acontecer com a gente. Mas dá a oportunidade de escolher como lidar com os fatos. Não é sobre disciplina, é sobre paixão, método e propósito. Busco semear paixão, explorar o método para que a disciplina venha naturalmente.

A cirurgia para colocar os estilhaços do meu fêmur no lugar com uma haste de titânio e alguns pinos foi a minha primeira conquista e o marco zero da minha recuperação. Sobreviver à primeira de muitas que viriam foi uma grande vitória. A minha perna ficou enorme. A coxa dobrou de tamanho. Mas, segundo o médico, o fato de eu ser atleta foi fundamental para que o meu corpo encarasse a gravidade do problema, já que meu batimento cardíaco se manteve baixo durante os procedimentos.

Dada a gravidade da lesão e da fratura, ao me comunicar o êxito da cirurgia, o Dr. Alcino chegou a colocar em dúvida se um dia eu conseguiria correr ou escalar de novo. Até mesmo voltar a andar sem mancar. Para ele, havia prioridades estritamente médicas a seguir: colocar o osso no lugar, conter a hemorragia e tratar possíveis/prováveis complicações. Ele não estava pensando no esporte que eu praticaria depois. Aquele choque de realidade mexeu comigo de tal forma que meu sentimento foi de revolta ao ouvir o prognóstico do especialista que estava cuidando de mim. Foi uma espécie de inconformismo, que se transformou em motivação para superar, com meus esforços, o trágico cenário. Fiz dos sonhos a minha boia salva-vidas, da paternidade a força motriz para me tirar da cama daquele hospital e me levar de volta à montanha. Quando o meu pai foi me visitar, olhei para ele e fui incisivo:

— Pai, eu vou voltar a escalar.

Depois de quatro semanas de internação, tive alta. O acidente foi quase uma revelação. Seria um exagero falar que foi uma coisa boa, porém busquei encontrar naquelas reflexões um lugar para crescimento pessoal e emocional. Não acredito em destino. Para mim, somos nós que o construímos. Creio no "carma bom", o caminho onde plantamos o nosso futuro. Um acidente dessa gravidade mexe com tudo. Com a fé, com as relações interpessoais, com qualquer crença. Inclusive com a de ser indestrutível. Descobri nesse processo os meus propósitos.

Eu tive tanto medo de não conseguir andar de novo… Foram muitos fantasmas. No CTI, tive um dos maiores insights da minha vida. Eu me perguntei: "Se eu morresse hoje, qual seria o meu legado?" Enxerguei uma foto da realidade daquele momento. Pensei como pai, chefe, empregado, marido, amigo e atleta em todas as personas. Depois, já no quarto, fiz a mim mesmo a segunda pergunta: "O que eu gostaria de deixar como legado?" Os sonhos se confrontavam com a realidade. Avaliei que nem todas as ações eram condizentes com o lugar aonde eu queria chegar. E minha conclusão foi que eu deveria mudar em muitas dimensões distintas para me tornar quem eu queria ser.

A fase inicial da minha reabilitação, que começou no hospital, foi dividida em etapas básicas primordiais. A primeira meta era apenas mexer a perna. A seguir, dobrar o joelho. Depois, drenar o líquido da perna para, aí sim, reaprender a executar os movimentos e só então fortalecer a musculatura sem impacto.

Após um mês na cama do hospital, chegou a hora de ir para casa e me dedicar unicamente à minha recuperação, já que me afastaria do trabalho por todo um semestre. Ao entrar no táxi, a minha perna quase não cabia no carro. Eu tive de ir no banco de trás com a perna esticada na diagonal, o banco do carona puxado para a frente. Dani estava comigo e eu, nervoso com a situação, esbravejava com todo mundo. Estava emocionalmente fora de mim.

Voltar para casa me fez um bem imediato. Mas, como ainda estava sem mobilidade, fiquei mais dois meses na cama do quarto, outra batalha mental. Comecei a ter sessões em casa com o fisioterapeuta Alisson Mateus, cujo objetivo inicial era que minha perna recuperasse o movimento de flexão até, talvez, voltar a andar sem mancar. Todo esse processo foi uma maratona de pequenas etapas e pequenas vitórias que eram celebradas uma a uma. Por menor que fosse, cada degrau era uma grande conquista. Eu teria de começar tudo de novo, como se fosse uma criança.

Nos meus primeiros dias em casa, comecei a sentir uma queimação terrível na perna. Depois de alguns exames, veio o diagnóstico: trombose na veia solear (panturrilha). Voltei para o hospital por mais 10 dias e comecei um período de medicação que durou seis meses com doses diárias de injeção anticoagulante que eu mesmo aplicava.

Em casa, segui a reabilitação com o Alisson, um profissional holístico que misturava várias técnicas na minha terapia. Fumaça, acupuntura, massagem, drenagem linfática. Depois das sessões, eu produzia uma quantidade enorme de urina que liberava as toxinas. As consultas com ele foram as mais doloridas. Era uma rotina brutal de seis horas diárias de fisioterapia. Quando ele não estava, eu ia para o clube fazer sozinho os exercícios na piscina, já que não podia botar o pé no chão por seis meses.

Minha perna, até começar o tratamento fisioterapêutico, era um pedaço de pau que não se articulava. O objetivo das longas e doloridíssimas sessões com ele era restabelecer pouco a pouco a amplitude dos movimentos.

Foi um processo sofrido demais, em que não raramente eu chorava de dor. Meu filho Vitor, com três anos na época, sofria ao me ver com dor e passou a rejeitar a presença do fisioterapeuta lá em casa. Era difícil para ele entender o trabalho daquele homem que, sem dó, chegava a suar de tanto fazer força com a perna machucada do pai.

Da cama, eu fui para a cadeira de rodas, que usei por mais dois meses. Em seguida, mais um mês de andador e outro com muletas. Foram nove meses para andar normalmente. Mas ainda faltava um longo percurso para voltar a correr. Nunca vou esquecer o dia em que toquei o fundo da piscina e apoiei meu peso nos dois pés. E assim abandonei as muletas. Era como em uma expedição: um passo de cada vez sem nunca perder a visão daquilo que me dava força. Eu precisava estar atento a cada detalhe da minha evolução. Cada movimento, mexida, sentada, cada ganho de mobilidade importava. Reabilitação é um jogo de paciência, de perseverança, de administração da dor.

Seis meses depois, enfim consegui colocar novamente o pé no chão. Agora, era reaprender a andar. Nessa etapa eu conheci outro fisioterapeuta muito importante na jornada, Alessandro Sena, especialista em recuperação de atletas. Ele me avisou que o tratamento também seria doloroso. Mas eu já sabia como era e entrei nessa nova fase mais bem preparado. Ele detectou que o que provocava o incômodo na minha perna era causado por um fragmento de osso que me furava internamente. Com ele, a meta era voltar a andar direito sem mancar e conseguir fazer corridas leves.

Por mais que eu tentasse trotar, sentia aquela pontada muito aguda que incomodava demais. Era uma espícula óssea, e o Dr. Alcino tinha esperança que o corpo poderia absorver, o que não ocorreu. Aquela ponta de osso furava meu músculo quando eu flexionava a perna. Não tinha solução que não fosse removê-la. Decidimos que o melhor para mim seria fazer um novo procedimento para corrigir esse problema. Quando voltei para a mesa de cirurgia, o Dr. Alcino aproveitou para retirar os pinos que ainda estavam no joelho. Todo o progresso de reaprender a andar corretamente regrediu quase à estaca zero. E lá estava eu de muletas novamente na prancheta. Foram mais três meses para ter condições de recomeçar o processo de caminhar.

Meu acidente foi um baque e tanto também do ponto de vista familiar. Mas resolvi fazer daquela situação algo que pudesse servir de ensinamento e inspiração para Giulia e Vitor. Não pela superação em si, mas para ter forças e capacidade emocional para correr atrás dos sonhos, por mais desafiadoras que fossem as circunstâncias. Provar para eles que eu seria capaz de vencer e me recuperar como atleta fazia parte do exemplo que eu queria dar. Transformei meus sonhos em minhas boias salva-vidas.

Alguns meses antes, resolvi fazer um check-up para recomeçar do zero e ensaiar uma retomada aos treinos leves. Um dos exames foi para monitorar um nódulo na tireoide que eu já acompanhava havia quatro anos, e que, até então, era inofensivo e não apresentava nenhuma alteração. Só que dessa última vez, o resultado tinha apresentado um aumento de tamanho de 50% em oito meses. Fiz nova bateria de exames de ultrassom e punção para investigar do que exatamente se tratava.

No dia 29 de fevereiro de 2012, saí de uma reunião e fui buscar o laudo dos exames no fim da tarde. Resultado: tumor maligno. Carcinoma papilífero na tireoide. Inacreditável! Quando cheguei em casa, não precisei nem falar com a minha esposa. Só de me olhar, a Dani já havia entendido o diagnóstico. Ela desabou a chorar e me abraçou. O mundo ruiu para mim. Ela, sempre forte, mesmo nas mais duras situações, tinha ficado totalmente fragilizada com a notícia. O meu chão caiu quando vi a desolação no olhar do meu porto seguro. Dessa vez não deu para controlar meu emocional como das outras. Era uma situação nova, crítica e que eu entendia como imprevisível. Aquele foi o momento mais duro da minha vida. Para os meus pais também foi dificílimo. Se para a minha mãe aquele seria um segundo evento que trazia a ideia de perder um filho, para o meu pai havia um agravante. Ele havia perdido uma irmã dias antes, de câncer.

Eu tinha acabado de passar por duas cirurgias e uma trombose. Agora um câncer? E de grau seis, o máximo. A retirada completa e imediata da tireoide era o protocolo indicado. Tireoidectomia total. Eu não conhecia a importância desse órgão para o funcionamento do corpo até saber que teria de removê-lo. A tireoide simplesmente regula o metabolismo; sem ela e seus hormônios, morremos lentamente. Tive, a meu favor, o fato de ter detectado o problema no começo. A minha reação teve de ser pragmática. Busquei desligar ao máximo o lado emocional e ser protocolar com cada etapa do processo. Pragmatismo robótico em ação.

A razão pela qual eu tomei essa decisão foi simplesmente por não conseguir lidar com a situação. Eu achava que não tinha condições emocionais de suportar. A palavra câncer é muito aterrorizante. Não queria pensar nela. Queria distorcer a realidade com a atitude de quem vai desencravar uma unha. O pragmatismo nascia como uma habilidade intrínseca das mentes cartesianas. Uma habilidade que acabou virando um método de inteligência emocional. Foi a forma que encontrei de enfrentar aquela pressão. Desliguei o emocional e, como um robô, procurei entender o passo a passo e segui-lo fosse qual fosse e, principalmente, o mais rápido possível. Eu fui imediatamente à consulta com o cirurgião, cumpri tudo mais que o protocolo exigia e na semana seguinte do diagnóstico já estava sendo operado.

Eu só pensava: "Fodeu, chega; não estou aguentando mais." Estávamos no nosso limite. Ninguém aguentava mais nada. Nem eu, nem a Dani, nem meus pais, nem meus filhos. A minha rede de apoio principal estava destruída e ninguém escondia mais. Com meu emocional fragilizado, fiz tudo o mais rápido que pude, mas não sabia por quanto tempo eu tiraria forças do meu âmago. Era como ter de respirar fundo para furar as ondas de uma arrebentação já estando completamente exausto e quase sem ar. Eu não sabia quantas ondas ainda teria capacidade de furar naquele momento.

O meu fôlego, ao que tudo parecia, tinha acabado.

UM DIVISOR DE ÁGUAS

Quando me dei conta de que havia feito tudo que podia e que não era mais comigo, consegui, finalmente, relaxar. Então, após muito refletir sobre tudo pelo que eu tinha passado naquele ano, penso que criei uma interpretação própria do que pode ter ocorrido comigo, seja ela verdadeira ou não. De fato, pode ser um olhar muito pessoal sobre a questão. Depois do meu acidente de bicicleta, eu passei por um turbilhão de emoções, e o meu corpo, por uma enxurrada de reações bioquímicas. Por que, logo depois do acidente, o nódulo que estava imóvel acabou evoluindo para um cisto maior e maligno? Impossível não pensar que exista uma relação entre as duas situações.

Acredito ter passado por uma dura batalha envolvendo corpo e mente, cujo resultado foi a aparição do câncer. Como se o exército que me defende estivesse numa guerra para me ajudar a recuperar a minha perna e, para isso, tenha precisado concentrar tantos esforços em um lugar só, que abriu um flanco para que a doença adormecida pudesse se desenvolver. Dizem que o câncer é uma doença emocional. O resultado da "tristeza" da célula. Talvez eu tenha encontrado nessa metáfora a minha visão sobre esse caso em especial.

Com o sucesso da remoção da tireoide, virei a página e toquei minha vida. Felizmente, não precisei de quimio nem de radioterapia. Mas ainda faltava muito para me considerar cem por cento bem. Era preciso fazer um monitoramento periódico por mais cinco anos para eu ser considerado curado. Retornei ao trabalho com foco total, questionando como seria meu futuro no montanhismo ou no esporte em geral. Naquele momento eu já estava sem condicionamento e sem saber como o meu corpo responderia ao alto rendimento novamente. Do ponto de vista clínico, o meu médico estava feliz por me ver caminhando. E sem mancar na maior parte dos dias. Uma vitória e tanto para ele como cirurgião, mas, para mim, aquilo era o básico do básico. Eu não poderia me contentar em apenas caminhar apropriadamente. Eu precisava preparar meu corpo para alcançar os lugares que a minha mente sonhava. Embarquei em outra etapa de reabilitação. Era hora de tentar deixar a fase de paciente para trás e tentar voltar a ser atleta. E a ser o montanhista de antes.

Segui com as minhas sessões frequentes de fisioterapia com Alessandro e comecei a correr em ritmo leve. A dor da espícula óssea ainda incomodou por um tempo. Foi um processo superdolorido, bem longo e que exigiu muito esforço mental, mas eu sentia uma evolução lenta e constante. Quase dois anos depois, no final de 2012, eu finalmente consegui correr sem dor. Foi um alívio. Entendo a razão das pessoas que, ao passarem pelo que eu vivi, abandonam suas atividades e começam a valorizar um ambiente de segurança, afastando-se de atividades que as exponham a riscos. Eu, para realizar meus sonhos, precisava encarar todos os meus demônios e neutralizar eventuais traumas. Assim que me senti bem para pedalar a íngreme e sofrida subida da Vista Chinesa novamente, não hesitei. Confesso que estava com receio da minha reação de quando passasse pelo local do acidente. No entanto, foram tantos meses sonhando com aquele momento de voltar a suar e ter contato com o ar puro da floresta que passei batido e nem dei chance ao medo de se fazer presente.

Foi um ato libertador. Quando consegui correr sem dor, retomei os treinos com mais frequência. Ali eu encontrava meus amigos atletas e fazia novas amizades. Eu, que já tinha corrido maratonas no asfalto, comecei a me interessar pela corrida de montanha. Uma modalidade mais difícil e mais técnica, mas que permite uma imersão incrível nos mais variados ambientes naturais.

Nessa época, reativei o contato com meu amigo jornalista, Clayton Conservani, com quem já tinha feito as expedições para o Aconcágua invernal e para o Denali. Curioso como todo jornalista, quis ouvir em detalhes como tinha sido a recuperação daqueles dois grandes obstáculos da minha vida. Ele me ligou com um convite tentador:

— O que acha de contarmos a sua história? Podemos contá-la correndo uma ultramaratona e fazer um episódio da próxima temporada do Planeta Extremo, na Globo. Topa?

— Claro, vamos nessa! Começamos a treinar amanhã? — confirmei sem hesitar.

Aceite abrupto, quase irresponsável da minha parte, pois eu não tinha atentado para o tamanho do que estaria pela frente. Mas a coragem é contagiosa. E aí ele veio com a ideia de fazermos a prova Cruce de los Andes. Trata-se de uma ultramaratona de três dias do Chile à Argentina atravessando nada menos do que a Cordilheira dos Andes, um percurso de 100 km por onde os participantes cruzam três vulcões correndo e caminhando em terrenos muito desafiadores, sem falar da altitude. Era uma proposta ousada para quem tinha passado por tudo que eu passei. Mas vi nesse convite a oportunidade concreta para me motivar a conquistar a forma necessária.

Aquela ultramaratona significaria muito mais que a distância mais longa que eu já havia percorrido numa competição. Ela representava uma prova de fogo para a minha perna. Era uma encruzilhada. Sabia que não seria nada fácil, mas tinha consciência de que se eu tivesse condições físicas de completar, poderia voltar a sonhar com o Everest. Caso contrário, era ir para o estaleiro e começar tudo de novo. Um teste de cabeça, de corpo e de coração.

Comecei a preparação para a empreitada com a ajuda de dois treinadores especialistas em corridas e ultramaratonas de montanha: Iazaldir Feitosa e Manuel Lago. Quando apresentei o meu objetivo ao Iaza para ele poder elaborar o meu treino, ele tomou um susto.

— Cara, você acabou de passar por uma série de cirurgias e está voltando agora. O ideal é você ir retomando aos poucos, reconquistando sua forma antiga gradualmente. Tem certeza de que quer partir logo para uma ultramaratona nos Andes?

Ele achou loucura e a ponderação foi justificável. Como treinador, via meu caso como um problema potencial de lesão. Afinal, eu nunca tinha corrido uma ultramaratona, ainda estava tecnicamente em fase de recuperação e já queria treinar para entrar numa prova de 100 km cruzando os Andes?

Demorei um pouco a convencê-lo a me treinar, até ele entender que, se eu conseguisse realizar aquela tarefa, reconquistaria o direito de cogitar a expedição ao Everest. Ou então daria um passo para trás, sem ultrapassar os meus limites. O Dr. Alcino tinha me dado uma esperança quando disse que o fato de eu ser atleta tinha sido fundamental para a minha cura. Segundo ele, eu tive saúde física para enfrentar e resistir a todas as intercorrências, como hemorragias, trombose e até mesmo o câncer.

Meses depois, embarquei com a equipe de televisão da Globo para a Argentina. Formamos um belo time, eu, Clayton e o pessoal da TV. Seria um desafio lindo. Um teste de resistência que me levaria ao extremo nos vulcões em trechos de 32, 40 e 28 km e que representava um recomeço. Eu me perguntava: "Será que estou mesmo pronto?" Mas estava decidido que só mesmo um grande desafio em um lugar incrível poderia me trazer a energia de que eu precisava para dar a volta por cima.

Começamos nossa jornada em dupla aos pés do vulcão Villarrica, no Chile, naquele que seria meu grande teste. Logo no início, sob um calor escaldante, observamos a dificuldade de todos os participantes e os desafios que o terreno nos impunha. O sofrimento dos outros nos serviu de alerta quando os primeiros sucumbiram à desidratação. Bebi os últimos goles da minha reserva sabendo que ainda tinha um grande trecho pela frente. Segui com muita, muita sede. Até que… quebrei. Quebrei pela desidratação.

Clayton resolveu me oferecer tudo que ele tinha para que eu não desistisse da prova. Ele deixou de beber água durante todo o resto do trecho para aliviar meu sofrimento. Era a irmandade da corda em ação.

Confiar no parceiro é fundamental, e ajudar um ao outro, essencial. E que escolha acertada a minha de tê-lo ao meu lado. Sem jamais nos afastarmos um do outro, atravessamos pontos em que o resgate não nos alcançaria com facilidade. No caminho cruzamos com Dona Elisa, uma corredora de 78 anos que havia largado mais cedo e era a grande sensação e inspiração da prova. Também sem água, ela nos pediu um pouco. Mas já não tínhamos mais nada. Todos teriam de seguir secos até o fim do trecho. Depois de cinco horas conseguimos completar os primeiros 32 km da prova. A cordilheira havia castigado boa parte dos participantes, que desistiram da prova já no primeiro dia. Estávamos bem, comparados a outros colegas. Sentia-me com o corpo vivo e tirava forças de onde nem imaginava que existisse.

O segundo dia é considerado o mais difícil do Cruce: 40 km contornando um vulcão. Já largamos no sacrifício, com o corpo dolorido para enfrentar os 15 km iniciais de subida para alcançar o ponto mais alto da prova a 2.360 m de altitude. As paisagens iam se transformando conforme avançávamos e tínhamos de tomar muito cuidado para não cair e nos machucar. Uma queda poderia nos tirar da prova.

As pernas já não respondiam direito. Houve momentos em que me senti destruído. Mais tarde, Clayton descreveria aquele desafio como a luta do ser humano contra pedras, vento e areia para não ser nocauteado. Mas pensava a todo instante no propósito maior da minha renovação rumo ao Everest. Corri com o coração nos meus limites físico, emocional e psicológico — como havia aprendido no Aconcágua. Fechamos o segundo dia depois de quase oito horas de esforço, completamente esgotados. Mais tarde, no acampamento, tivemos a chance de conversar um pouco com Dona Elisa, que nos deu sábios conselhos: limpar a mente, correr até onde puder e caminhar quando preciso. E o mais importante: chegar.

Os 28 km finais no terceiro dia foram sofridos, mas travamos uma batalha, confiantes por já termos superado os trechos mais desafiadores da prova. Contra nós, as dores e o cansaço. Eu acreditava que poderia continuar sonhando. Cruzar a linha de chegada foi um dos momentos simbolicamente mais fortes que vivi. Foi a grande vitória da mente sobre o corpo. Da força de vontade sobre a dor. Das 800 duplas que largaram, 655 completaram. Foi a conquista do sonho de quem queria fechar aquela prova. Chorei de emoção ao perceber que havia conquistado a minha vida de volta. Foi um marco para a minha história e para o meu coração. Eu estava de volta!

E foi nesse clima que virei uma página importante da minha trajetória para seguir adiante em busca do que eu sonhava. Como disse o general romano Júlio César: "Vim, vi e venci". O Cruce de los Andes foi um marco e uma encruzilhada. Um evento que me recolocava nos trilhos, fazendo com que me sentisse bem, forte e no caminho certo. Com a certeza de que as cirurgias e as infinitas horas de fisioterapia haviam dado certo. O encerramento do meu capítulo de recuperação.

Apesar do objetivo alcançado de completar o desafio, eu sabia que ainda não estava cem por cento e que ainda me sentia um pouco debilitado fisicamente. Porém, com o meu lado mental mais fortalecido do que nunca. Eu tinha obtido ali a resposta para a inquietação que seria meu divisor de águas. Eu tinha voltado ao jogo. E com isso meu plano seria o de finalmente escalar o Everest no ano seguinte.

Cada ano que passava, apesar de mais difícil, a satisfação de construir a estrada rumo ao cume se tornava cada vez mais especial para mim. Pois além de um sonho realizado, representaria uma conquista especial por significar algo ainda mais importante. Uma jornada que havia começado na cama daquele hospital.

10
DE FRENTE PARA O SONHO E O MEDO

Depois de recuperar meus movimentos e a boa forma física, o passo seguinte para mim era óbvio. Decorridos três anos do acidente, havia finalmente chegado a hora de escalar o Everest. Eu estava, enfim, pronto. Já para a família e a maioria dos amigos... a lógica era inversa. Depois de tudo que eu havia passado, não queriam me ver novamente, na visão deles, correr nenhum risco desnecessário. Esse pensamento do que é necessário não se aplicava. Viver era preciso. Mas à minha maneira.

Naqueles anos de 2013 e 2014, a minha estratégia foi também conquistar uma alta performance profissional: ganhei prêmios e fiz bons negócios. Foi extremamente difícil falar para os meus filhos e para a Dani que eu iria escalar o Everest. Vitor e Dani fazem aniversário no dia 19 de abril, em plena temporada de escalada das montanhas do vale do Khumbu. Vitor costumava dizer: "Pai, pode ir, mas volta pro meu aniversário, tá?" Eu respirava fundo e explicava que não dava. A minha maior preocupação sempre foi não transformar meus sonhos individuais em um trauma familiar.

— Pai, você vai estar fora no meu aniversário todos os anos? — ouvi do Vitor.

Eu me preocupo em conciliar meus desejos com os projetos familiares. Busco transformar meus sonhos nos da minha família. O desafio é fazê-los embarcar nos projetos junto comigo. É um processo de convencimento, mas que pode se transformar em destruição familiar. Minha sorte é que eles entendem essa dinâmica. Como diz a Dani: "Eu sei o que eu comprei!" Eles sabem que não é só sonhar. É planejar, viver e realizar. Sonho sem ação é apenas alucinação. Sinto que o meu papel como pai é ensinar não só a sonhar grande, mas a correr atrás para a realização. O espaço entre sonho e realização se chama frustração. Eu procuro transmitir a eles que devem encontrar as suas próprias expedições e ser um exemplo de quem persevera no que acredita. Mas cada um deve achar seu próprio caminho. Eu costumo dizer para os meus filhos: "Não sigam o meu, mas encontrem e percorram os seus." Algo do tipo *walk the talk* (faça o que você prega). Em casa de ferreiro, espeto de ferro.

Uma vez me perguntaram o que era mais difícil em uma expedição às famosas montanhas do Himalaia. "Partir", respondi. Os dias que antecedem a saída do Brasil são uma verdadeira confusão. São pouquíssimas horas de sono, uma lista infindável de afazeres, tanto no trabalho quanto na preparação da viagem, e ainda tentar exercer a milenar arte de levar somente o indispensável para a sobrevivência no mais inóspito dos lugares, onde nem ar existe. Tudo isso em dois volumes de 23 kg cada um.

Entre todos os preparativos e a miscelânea de emoções, ocorre uma baita confusão sentimental, quase bipolar, que oscila entre a genuína ansiedade de finalmente realizar um grande sonho até a devastadora dor de deixar para trás tudo o que mais se ama. Por mais confiante que eu estivesse, ver aquela incerteza do regresso nos olhos da Dani e o choro doído das crianças diante da perspectiva de, no melhor dos casos, ver o pai dali a dois meses, pôs em xeque essa obsessão que me acompanha nos últimos 20 anos. Partir, sem dúvida, é a parte mais difícil de qualquer expedição.

Tomei a decisão e consegui a permissão para tentar escalar a montanha mais alta deste planeta, o Everest (8.848 m) e seu irmão siamês, o Lhotse (8.516 m), a quarta mais alta, ambos naquela mesma temporada de 2014 — feito ainda inédito para brasileiros.

Em fevereiro de 2011, poucos dias antes do embarque para o Nepal, meu sonho tinha sido interrompido por uma quase fatalidade. Dessa vez, eu estava indo mesmo. Sair de casa já era uma vitória. As quase trinta horas que separam o Rio de Janeiro de Katmandu seriam suficientes para celebrar e começar a reorganizar a cabeça e o coração.

Enfim, Nepal. Eu estava com saudades daquela divertida bagunça. Era minha terceira vez ali e continuava achando incrível como, apesar do caos geral, desde a alfândega até o trânsito, as coisas funcionam e as pessoas parecem felizes. Do aeroporto, ainda atrapalhado com o (con)fuso horário de 9 horas e 45 minutos a mais, fui direto para o escritório da Himalayan Guides, operadora local que me ajudou com os trâmites burocráticos e logísticos. Lá conheci Rob Casserley (oito vezes no cume do Everest) e os últimos quatro integrantes que ainda não tinham partido para o Acampamento Base. Outra parte do nosso grupo de 14 alpinistas, com os quais eu dividiria pelas próximas semanas tarefas, lágrimas, sorrisos e cervejas, já estava a caminho do acampamento. Após trocas de gentilezas e muitas perguntas curiosas, com o claro intuito de descobrir as capacidades de cada um, ficou evidente a empatia mútua, fundamental para o sucesso de qualquer expedição. Não me sentia mais tão solitário na loucura quase inconsequente de fazer duas montanhas na mesma temporada.

Depois de uma breve entrevista com Billie, uma alpinista alemã, assistente da famosa Elizabeth Hawley — uma senhora que se dedicou até os 94 anos à construção do Himalayan Database, um banco de dados com informações de todas as expedições (bem ou malsucedidas) nas montanhas da cordilheira —, fomos ao Ministério do Turismo nepalês para o enfadonho ritual burocrático de concessão das permissões. Na audiência, não entendi absolutamente nada do inglês idiossincrático do ministro, com exceção de "*8 kilo trash*". Deduzi tratar-se da nova lei que obrigava cada um dos 336 alpinistas da temporada a trazer de volta oito quilos de lixo da montanha — um lampejo de consciência ecológica, finalmente.

Frio na barriga ao ver meu nome nas permissões para duas das mais difíceis montanhas do planeta. Eu me perguntava: por que fazer isso? Arrogância? Excesso de ambição? Prefiro pensar que é parte de um grande sonho megalomaníaco de realizar o Ultimate Adventure Grand Slam. De posse das autorizações, a ansiedade tomou conta de todos. Nada mais nos impedia.

Às 5h15 da manhã seguinte já estávamos todos no lobby do hotel, prontos para o que acreditávamos ser o primeiro e último risco não controlável da viagem: o voo de Katmandu para Lukla, um pequeno vilarejo a 2.840 m encravado nas encostas dos Himalaias que definem o vale do Khumbu e que é ponto inicial do trekking até o Acampamento Base do Everest. O aeroporto de Lukla, para pequenas aeronaves, é considerado o mais perigoso do mundo, mais parece um local para a prática de voo livre com asa-delta. Inclinada e curtinha, a pista possui um aclive assustador porém funcional que ajuda os aviões a acelerar na decolagem e a frear na aterrissagem. Além, é claro, da grande susceptibilidade às intempéries meteorológicas, tão típicas na região.

Em segurança após a aterrissagem no temido aeroporto de Lukla, partimos para a jornada de oito dias até o BC, recheada de surpresas, descobertas e lições de vida. Tive um agradável encontro com o amigo e guia Manoel Morgado — em Monjo — um pouquinho do Brasil do outro lado do mundo, e planos ambiciosos para o futuro. Em Namche Bazaar, conheci Babi Ram Tamang, um garoto franzino, membro de castas inferiores, primogênito de quatro irmãos, cuja mãe abandonou a família e o pai trabalha como carregador para sustentar sua prole. Babi estaria condenado a um futuro de pobreza não fosse um ato nobre e humanitário: dois anos antes, o casal de médicos Rob e Marie-Kristelle decidiu custear moradia e estudos para o menino na Hillary School, em Khungjung, fundada, num rompante de altruísmo, por Sir Edmund Hillary, o primeiro, juntamente com o sherpa nepalês Tenzing Norgay, a escalar o monte mais alto da Terra. Aqueles meus heróis de infância da letra "E" e da foto da enciclopédia.

Em Pangboche, nós subimos ao monastério onde vive o Lama Geshi, um dos últimos sobreviventes dos lamas tibetanos. Em um momento de profunda espiritualidade, conhecido como "Puja",* recebemos as primeiras bênçãos e conselhos para seguirmos com nossos ousados objetivos.

Em Pheriche, conheci o incansável trabalho dos médicos voluntários do Himalayan Rescue Association, que salvam em média 600 pessoas por ano de doenças causadas pela elevada altitude (principalmente edemas pulmonares, cerebrais e mal da montanha, causado pela escassez de oxigênio).

Lá eu também me deparei com o memorial aos alpinistas mortos no Everest. Gelei! Busquei o nome do Vitor Negrete, brasileiro que em maio de 2006 faleceu na montanha. Desabei ao encontrá-lo. Por horas fiquei ali, lembrando de todos os momentos que havíamos passado juntos nas montanhas e fora delas. Lembrei-me de seus filhos, que têm a idade dos meus. Eu me sentia muito próximo a ele, como nunca naqueles últimos oito anos desde sua morte. Havíamos planejado escalar o Everest, e finalmente havia chegado a hora. "Me ajude nessa, irmão. Dessa vez vamos juntos", pensei.

No dia 16 de abril de 2014, chegamos ao Acampamento Base do Everest, a 5.350 m. O tempo estava fechado, fazia frio e nevava. Levamos uns bons 40 minutos para encontrar o nosso acampamento em meio ao cenário lunar. A essa altitude não há vida endêmica, apenas um amontoado de gente empilhada temporariamente em barracas cercadas por pedras sobre o glaciar. Nos próximos dois meses minha casa seria uma barraca de dois metros quadrados, com temperaturas variando de -15°C a -45°C. O banheiro era uma latrina improvisada em um barril, compartilhado por todos. O banho seria à base de lenços umedecidos ou com uma bacia de água quente — algo possível apenas no horário mais ensolarado. Ou seja, a cada duas ou três semanas.

---

* O dia do Puja: a cerimônia budista que os sherpas e monges organizam como uma espécie de permissão dos deuses para iniciar uma escalada.

Tínhamos ainda a barraca-refeitório, que, além da alimentação, servia de ponto de encontro, sala de reunião e salão de jogos. Ao todo, o BC abriga, durante a temporada de escalada, cerca de mil pessoas, entre alpinistas, chamados de *westerners* (ocidentais), e sherpas, que dividem as funções de cozinheiro, carregador, guia e trabalhador de altitude. A expressão sherpa se tornou equivocadamente uma espécie de marca que abrange todos os trabalhadores de grande altitude, independentemente de suas etnias. O Nepal tem diversas castas e 127 grupos étnicos; sherpa, a etnia dominante no vale do Khumbu e principal força motriz das expedições devido a sua adaptação à altitude, é apenas um deles.

O dia seguinte foi de descanso, planejamento e coordenação logística entre todas as 39 expedições da temporada 2014. Para os sherpas, o Everest, chamado por eles de Sagarmatha (rosto do céu) ou Chomolungma (deusa mãe do universo), é considerado não apenas um acidente geográfico singular, o ponto mais extremo do planeta, mas a morada de Miyolangsangma, divindade do budismo tibetano. Para eles, seus flancos emanam energia espiritual, e os efeitos cármicos de nossas ações são amplificados no território sagrado. Assim, nenhum sherpa entra na montanha sem as devidas cerimônias religiosas. Então, mais um grande Puja foi realizado, dessa vez envolvendo várias expedições. Toda ajuda era mais que bem-vinda.

As tarefas e os processos logísticos que permitiam a abertura de uma rota de ascensão estavam definidos, e a previsão do tempo não poderia ser melhor. Muitos alpinistas já haviam começado os ciclos de aclimatação, escalando outras montanhas no caminho do BC — uma forma de minimizar a exposição aos riscos de uma avalanche, diminuindo o número de passagens pela temida cascata de gelo do Khumbu, um rio de gelo formado por grandes blocos (muitos deles, resquícios de avalanches) e profundas gretas, descendo do Campo 1 da face sul, de uma altura equivalente ao Corcovado. Bizarro, medonho e… lindo. A grande massa de trabalhadores de altitude, no entanto, havia esperado pela chegada dos equipamentos, mantimentos e principalmente pela cerimônia de "abertura" da montanha — o grande Puja. O grid de largada estava pronto, abastecido e congestionado. Um sinal de alerta que poucos, muito poucos, captaram.

Às 18h nosso jantar foi servido e discutimos como seriam os próximos dias. Rob sugeriu ao seu grupo que 4h30 seria uma boa hora para começar a escalar. Henry Todd, líder geral da nossa expedição, ponderou: "Amanhã todas as expedições irão subir", e sugeriu que esperássemos mais um dia. "Esperar mais um dia? Nem ferrando! Esperei anos por isso!", pensei. Olho para o lado e vejo rostos com expressões similares. Ninguém queria esperar mais nada. Essa é a sutil e vital diferença que só a experiência traz. Henry havia entendido o alerta. Nós e a grande maioria das expedições, ainda anestesiados pela euforia, só queríamos começar. Depois de mais de duas horas de discussão, decidimos subir no dia seguinte, saindo um pouco mais tarde, às 8h. Assim nós não atrapalharíamos os sherpas e os escaladores mais fortes.

Praticamente não dormi. Não conseguia parar de imaginar como seria o dia seguinte. Dois temas me preocupavam. Primeiro, uma estranha sensação de que não faria o cume. Não sabia explicar exatamente o porquê, talvez tivesse a ver com a preocupação excessiva com meus dedos, que depois de um semicongelamento durante a escalada do Aconcágua no inverno de 2004 nunca mais foram os mesmos. Segundo, o dia seguinte, 19 de abril, era aniversário da minha mulher e do meu filho. Já era difícil não estar presente. Tudo que não podia acontecer era eu não conseguir falar com eles — algo bastante provável, uma vez que a comunicação no BC era extremamente precária. Mas como se explica isso para uma criança de seis anos?

Por volta das 6h, fui acordado por um barulho de helicóptero, sem me dar conta de que havia dormido — resultado da hipóxia e do dueto adrenalina/endorfina. Fazia um frio descomunal e graças aos primeiros raios de claridade consegui ler o que dizia o relógio pendurado na barraca: 6:02AM, -15°C. Pensei: "Ainda bem que decidimos sair às 8h, deve estar um inferno gelado na cascata", sem saber que minha definição de inferno mudaria em poucas horas. Iniciei o moroso processo de preparação para sair da tenda, esquentando as roupas e botas dentro do saco de dormir e forçando goela abaixo um número sem fim de comprimidos juntamente com o matinal litro diário de chá. Hidratação é a chave para uma boa aclimatação.

Ainda dentro da barraca, escuto algo como um trovão de uns 30 segundos. "Essa parece ter descido no West Shoulder, espero que não tenha atingido a cascata", calculei. Avalanches ao redor do Acampamento Base são tão frequentes que acabamos aprendendo a identificar de onde elas vêm de acordo com o som e a hora. O Everest West Shoulder é uma verdadeira pista de lançamento de projéteis, que tem a região da cascata do Khumbu (também conhecida como *popcorn*, ou pipoca) como alvo.

Segui na rotina de preparação, até que percebi uma movimentação anormal para aquela hora do dia. Apressei-me e saí para descobrir que aquela noite tão fria havia se transformado no mais belo dos dias. Olho para o Everest e não vejo um único sinal de vento. "Belo dia de cume! Espero ter outro desses daqui a algumas semanas, é tudo de que preciso", desejei. Que ignorância a minha.

Ainda me espreguiçando, solto um "bom dia, pessoal". Pausa silenciosa, seguida da notícia de que tinha havido um acidente na cascata. "Não parece ser um bom dia", respondeu o inglês Daniel. Começo a olhar em volta e o BC mais se assemelha a um formigueiro. Avisto Henry próximo à barraca-refeitório com dois rádios nas mãos e corro em sua direção — correr a 5.350 m de altitude é um exercício de equilíbrio similar ao slackline, com a intensidade de um sprint de 100 metros. Conheço bem Henry, mas nunca havia visto aquela expressão em seu rosto.

Sentei-me ao seu lado para recuperar o fôlego e tentar entender o que se passava. Diálogos esquizofrênicos se atropelavam. Pelo rádio, os melhores alpinistas do planeta e os médicos disponíveis na região coordenavam os esforços de resgate, ora em nepalês, ora em inglês. Em outro canal, os líderes das expedições faziam uma espécie de chamada oral, tentando descobrir quem eram os desaparecidos. "Desaparecidos? Como assim, no plural?" Daniel, o inglês, estava certo. Não era um bom dia. Na verdade, seria o pior dia da história daquele vale, daquele povo, daquele esporte. Nossos sherpas se encontravam fora das barracas, a aflição era visível. O BC havia mudado. Um silêncio mórbido pairava no ar rarefeito.

Rob e Marie-Kristelle, junto de outros médicos, já estavam em ação. Rob havia subido a montanha no primeiro sinal da catástrofe e reportava as condições via rádio. Estava em um campo de batalha, fazendo o possível com os recursos limitados para salvar os ainda vivos. Marie se preparava para receber os feridos e mortos no improvisado heliporto. Entre os falecidos, estava Lakpa, irmão do Padawa, que havia sido meu parceiro na escalada do Ama Dablam anos antes. O tempo continuava perfeito e a temperatura subia rapidamente, o que aumentava o risco de mais avalanches. Tudo o que não precisávamos era de mais gelo despencando em uma montanha cheia de equipes de resgate.

Dois helicópteros finalmente chegaram. Um alvoroço sem precedentes se instalou. Todos corriam para carregá-los com mantimentos, remédios, macas e mais alpinistas. No ímpeto de ajudar, fui até um dos dois heliportos e ofereci ajuda. "Você é médico?", perguntaram. "Não." "Então arrume pás e piquetas." Pouco consegui contribuir, então fui tentar documentar o que acontecia. Com uma câmera com um zoom poderoso, finalmente consegui entender e filmar o trágico cenário. Pessoas estavam presas entre blocos de gelo do tamanho de carros e casas. Algumas estavam sendo desenterradas, outras simplesmente sumiram. Era possível ver o esforço hercúleo dos "soldados", trabalhando a quase 6.000 m com piquetas rudimentares, feitas para escalar e não escavar. Era possível ver a neve avermelhada de sangue e escutar o desespero. Estávamos perdendo a guerra. Um dos pilotos tentou pousar por quatro vezes no local do acidente, mas as rajadas de vento o empurraram de volta ao BC. A frustração tomou conta de todos e os canais de rádio passaram a reproduzir palavrões e nervosismo.

Os feridos menos graves começavam a descer a montanha escoltados. Rob então entra no rádio mais uma vez e, na tentativa de ganhar prioridade no transporte aéreo, descreve a precária situação do alpinista que ele acabara de ajudar. "Grave fratura de fêmur, risco de morte." Nova tentativa de pouso, dessa vez do outro piloto. "É o Jason", escutei. "O cara é o melhor. Se ele não aterrissar, ninguém consegue." Éramos uma torcida em final de campeonato, e o visor da minha câmera, o camarote. A plateia do BC veio abaixo com a notícia do pouso bem-sucedido. Gritos e aplausos ecoaram pelas encostas rochosas. Nós, os privilegiados, assistíamos à cena pelo diminuto visor torcendo para que o peso extra colocado no helicóptero não o levasse ao solo — resgates aéreos a essa altitude são extremamente perigosos, pois quase não há ar para sustentação das aeronaves.

Quando me dei conta da gravidade do ocorrido, pensei em ligar para a família no Brasil e dizer que estava bem, pois temia que eles ficassem sabendo primeiro pela mídia, o que geraria enorme preocupação. Peguei meu celular e lembrei que, para ter sinal, eu precisaria andar bastante. Decidi oferecer ajuda antes, e depois ligar para casa.

Pousam mais dois helicópteros. Corpos mutilados e retorcidos chegavam a todo instante, alguns ainda vivos. Eu tinha que falar com a minha família, garantir a paz de espírito da Dani e avisar o Brasil e os amigos que eu e os outros cinco patrícios estávamos bem. Horas se passaram como minutos e o fim do dia trouxe consigo os heróis da montanha, mas também o resultado da tragédia: 16 mortos e mais de 40 feridos, todos nepaleses que, por sua capacidade física e experiência, estavam ali abrindo caminho para nós, ocidentais. Mas, mesmo assim, por que tantos? Todos os anos, entre seis e sete pessoas morrem tentando escalar o Everest. Em 2014, uma já havia morrido, por conta de um edema. Como uma catástrofe dessa magnitude acontecera em meio a uma avalanche corriqueira?

Como dizem, um avião não cai por um único motivo. Na montanha, não é diferente. As circunstâncias da tragédia começaram aos poucos a se revelar. Várias expedições esperaram o grande Puja para começar a subida, o que fez com que, naquela manhã, muitos montanhistas estivessem percorrendo aquele trecho inicial. Uma escada quebrada interrompeu o fluxo de mais de 100 deles (sherpas e ocidentais) por mais de duas horas. Alguns, por intuição, medo ou conhecimento, desceram. Outros esperaram o reparo. O circo estava armado e superlotado. Uma avalanche causada pelo rompimento de parte de um serac que despencou do West Shoulder atingiu o grupo que consertava a escada e os que esperavam o fim do reparo. Não é nada comum uma avalanche às 7h. Pelo contrário, é uma das horas mais seguras para se atravessar qualquer terreno instável dadas as baixas temperaturas. Também incomum é essa avalanche encontrar em seu caminho uma plateia tão numerosa, encurralada numa área do tamanho de uma quadra de vôlei, esperando por tantas horas. Certamente o bom tempo ajudou a reduzir o número de fatalidades.

"E agora?" Era a pergunta que todos se faziam. Algumas expedições perderam até 70% de sua força de trabalho no acidente. Outras, mais afortunadas, como a nossa, perderam apenas a confiança. Todos estávamos chocados e comovidos. Entretanto, a tragédia não havia terminado. Por quatro dias, a região, o país e toda a tribo de montanhistas espalhados pelo planeta ficaram de luto. Sherpas e amigos voltaram para as vilas para seus ritos fúnebres. A montanha estava oficialmente — e moralmente — fechada.

O mundo estava perplexo. Fundos de ajuda e campanhas nas redes sociais foram organizados, com uma impressionante força viral. Lideranças entre os sherpas surgiram, não sei se tão naturalmente. Foi organizado um abaixo-assinado com mais de 300 assinaturas nepalesas. Os pleitos, derivados da injustiça social comum em países em desenvolvimento e amplificados pela tragédia, materializaram-se em um documento com 13 demandas para o governo, como melhores condições e garantias de trabalho, seguros de saúde e de vida mais expressivos, resgates de helicóptero e criação de um fundo de amparo às famílias sherpas. Nada mais justo, a meu ver. Apenas a forma de reivindicar isso talvez pudesse ter sido por outra razão.

Depois de fazer tudo que estava ao meu alcance, fui correndo dar notícias para Dani. Caminhei por uma hora e meia esbaforido e assim que meu celular pegou um ponto de sinal, mesmo insuficiente para uma ligação, enviei uma mensagem por SMS.

Enquanto isso, do outro lado do planeta, em viagem para a Disney com as crianças, Dani acordava naquela manhã, com Giulia e Vitor ainda dormindo, e deu logo de cara com uma enxurrada de mensagens no celular perguntando se estava tudo bem comigo e se ela tinha visto o que havia acontecido no Everest. Ela, claro, gelou. Começou a procurar informações e viu as notícias sobre a tragédia. Pensou que eu pudesse estar entre as vítimas, pois as matérias na imprensa destacavam que havia brasileiros naquela temporada e que ainda não se sabia se tinham sido atingidos pela avalanche. Dani entrou no quarto dos meninos, olhou para eles dormindo e pensou: "O que eu vou fazer da minha vida agora?" Minutos depois, chegou o meu SMS para ela: "Dani, está tudo bem comigo e com os brasileiros. Aconteceu um acidente aqui na cascata de Khumbu. Uma avalanche caiu sobre um grupo de escaladores, e as equipes de socorro estão trabalhando no local. Ligo assim que puder. Amo vocês."

Horas depois, quando finalmente nos falamos por telefone, Dani me contou a sua versão aos prantos. Revelou o grande susto e os momentos de angústia pelos quais passou.

— Roman, foram os piores 15 minutos da minha vida. Eu me senti viúva. Não quero nunca mais passar por essa sensação de novo — desabafou.

Em seguida, ela avisou pelas redes sociais que eu e os brasileiros estávamos em segurança. Notícia que correu rapidamente no país para aliviar também as outras famílias que passaram por situações similares. A pressão sobre a minha família naquele momento tinha alcançado o ápice. Pessoas próximas chegavam à Dani com perguntas do tipo: "Como você deixa ele fazer isso?" Não aliviaram nem a minha mãe, que não esconde sua torcida para que eu abandone o alpinismo. Familiares a pressionavam dizendo coisas do tipo: "Que maluco! Eu jamais faria um negócio desse! Ainda mais tendo filhos."

Muitas pessoas do meu círculo — as desconectadas do montanhismo — entendem a prática como maluquice ou irresponsabilidade. Minha mãe costuma explicar que é uma necessidade que eu tenho. Já a Dani diz que quando me conheceu eu já era assim. Que o defeito veio de fábrica. E se apaixonou por mim, por quem eu era, e que não é seu papel mudar a minha essência. Ela não esconde que é difícil me entender, principalmente na posição de mãe que fica com a "carga" dos filhos quando eu passo semanas fora e exponho a minha vida a tamanho risco.

Após os quatro dias de luto, o ambiente mudou consideravelmente. O horror deu lugar à ambição. As questões socio-humanitárias perdiam para as questões político-econômicas. A essa altura, algumas expedições já haviam concluído que era impossível continuar. Outras, como a nossa, ainda resistiam, na esperança da bonança após a tormenta. Começamos a planejar cenários alternativos, planos B, C, D… A última opção era partir para o estilo alpino, que prioriza a leveza e a velocidade, aumentando exponencialmente o risco. Não era uma opção para mim. Eu tinha dois filhos, esposa e o plano de seguir escalando — sem falar na falta de coragem.

O equilíbrio já não existia. A harmonia e a cumplicidade, motor propulsor estabelecido pela dupla Ed Hillary e Tenzing Norgay na primeira subida do Everest, partiram-se. Escutávamos dos sherpas: "Nosso problema é com o governo, não com vocês". Antes éramos "nós", agora havia "eles", "nós" e "vocês".

Era o prenúncio de mais uma morte anunciada. Não me refiro apenas à expedição, mas a toda a cadeia econômica desse tipo de turismo, do qual dependem milhares de famílias nepalesas. O Nepal é um dos países mais miseráveis do mundo: 25% da população vive abaixo da linha da pobreza. Mais de 80% vive em zonas rurais. Nelas, a renda média é de aproximadamente 3 dólares por dia! Um sherpa alpinista ganha, por temporada, entre 6 e 15 mil dólares. É, sem dúvida, um trabalho arriscado, mas de grande retorno financeiro.

A cada ano, cerca de 100 mil montanhistas passam pelo Nepal, gerando um volume de algumas dezenas de milhões de dólares. Muitos descrevem a relação comercial do mundo ocidental com os sherpas como um parasitismo de nossa parte. Por três vezes estive lá e via a questão de uma forma mais simbiótica. "Meus sherpas", como dizemos, hoje são meus amigos, não meus empregados. É uma questão de opção e ambição pessoal, não de obrigação.

Como em todo movimento político, havia os dirigentes, os dissidentes e os extremistas. Os sherpas não eram mais uma etnia, mas uma espécie de partido político, de sindicato. Um povo reconhecido por sua alegria inata e postura subserviente agora tinha representantes com discursos e ações que lembravam os terroristas maoistas do Oeste do Nepal.

Éramos alguns dos últimos resilientes, portanto fomos procurados pelos Doutores da Cascata, um grupo de experientes alpinistas sherpas cuja função é estabelecer e manter em condições seguras a via pela cascata de gelo durante toda a temporada. Eles queriam nos convencer a também deixar a montanha. Insistimos que eles nos ajudassem a tentar a escalada e nos explicaram que também corriam risco se trabalhassem.

Em uma reunião nossa com outra expedição, veio o tiro de misericórdia: "Os sherpas da nossa equipe foram ameaçados. Todos que continuarem a escalar terão suas pernas quebradas." Era impossível acreditar no que ouvíamos. Foi quando todas as nossas atividades foram canceladas. Não iríamos arriscar os sherpas e suas famílias e regressaríamos para Katmandu.

A pressão por parte dos sherpas contrários à continuidade da temporada tinha também um componente econômico: a tendência crescente de expedições totalmente guiadas por nepaleses. Muitos deles abriram suas próprias agências e operadoras e estavam de olho nas verdadeiras fortunas gastas com turismo e esporte de aventura. Seria esse o tempero picante mas aparentemente imperceptível que faltava? Eu não saberia dizer.

Havia ainda a questão religiosa: muitos sherpas interpretavam o acidente como uma insatisfação divina com a presença em território sagrado. Mulheres e filhos, temerosos com as implicações "cármicas", insistiam no regresso de seus maridos e pais. Era uma tragédia humanitária, um desastre socioeconômico, uma afronta político-religiosa e um drama pessoal. Era o fim do Everest em 2014 para mim e todos os outros que ainda resistiam. Chorei compulsivamente.

Os eventos que se sucederam à catástrofe daquele 18 de abril mudaram de forma definitiva a maneira como o mundo passaria a se relacionar com aquele vale e seu povo. No fim, o governo se comprometeu a atender todas as demandas exigidas, durante uma reunião a céu aberto no próprio BC, com a presença dos principais ministros. Muitas agências e operadoras já cogitavam a hipótese de desviar as operações para a face norte, via China. Todas queriam garantias do governo nepalês para 2015. Muitos sherpas estavam preocupados com o futuro e com a economia local.

Perdemos amigos, irmãos, desconhecidos, guias profissionais, carregadores anônimos, jovens esperançosos e alpinistas experientes. Mas perdemos também a confiança visceral, aquela que une dois alpinistas na vida e na morte. O matrimônio da montanha, a crença de que a lealdade mútua impera, e o resto são apenas sonhos ambiciosos. O montanhismo romântico lentamente ia se transformando em mais uma forma de prestação de serviço. Novamente, partir era preciso, escalar não era. E regressar, obrigatório.

1
O SIGNIFICADO DA LETRA "E"

INFÂNCIA AO AR LIVRE EM FAMÍLIA, NAS DUNAS DE CABO FRIO

BICICLETA, UM DOS BRINQUEDOS FAVORITOS EM BRASÍLIA

VIAGEM PARA A FAZENDA EM GOIÁS

SKATE, UM DOS PRIMEIROS ESPORTES RADICAIS PRATICADOS QUANDO CRIANÇA

COMPETIÇÃO DE NATAÇÃO NA ESCOLA EM BRASÍLIA, ONDE CONQUISTOU MUITAS MEDALHAS DOS 5 AOS 15 ANOS DE IDADE

DA ÁGUA PARA A ROCHA

ULTRAMARATONA DE NATAÇÃO

SALTO ORNAMENTAL NA JAMAICA

PARAQUEDISMO NO INTERIOR DE SÃO PAULO

ESCALADA EM ROCHA NO MÉXICO

ESCALADA EM ROCHA NO CUSCUZEIRO (SP)

MURO DE ESCALADA DA UNICAMP

3
A GRANDE EXPEDIÇÃO

ROMAN E DANI EM FOTOS 3X4 TROCADAS NA ÉPOCA DA FACULDADE E, MAIS TARDE, ROMAN COM OS FILHOS DO CASAL, GIULIA E VITOR

ÁLBUM DE FOTOS FAMÍLIA ROMANCINI

4
O CAMINHO DAS PEDRAS

REGISTROS DAS PROVAS DE ULTRAMARATONAS DE BICICLETA EXTRA DISTANCE 800K, CORRIDAS DE AVENTURA EMA E ECOMOTION. CUME DO HUAYNA POTOSÍ (6.088 M) E CONDORIRI (5.648 M)

5

A IRMANDADE DA CORDA

CAMINHADA DE APROXIMAÇÃO AO CAMPO BASE DO MONTE ACONCÁGUA

CHEGADA DA EQUIPE AO CAMPO BASE DO ACONCÁGUA

EQUIPE NO CAMPO 2: ANINHA, ROMAN, GUILHERME, AC, RODRIGO (ABAIXADO), VITOR, GONZALO, POPI E HORÁCIO

CUME DO MONTE ACONCÁGUA (6.962 M)

PRIMEIRA ASCENSÃO INVERNAL BRASILEIRA DO MONTE ACONCÁGUA, EM 2004

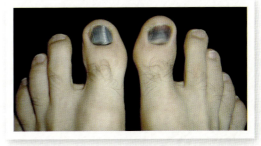

ROMAN E AC NA VOLTA DO CUME, NO CAMPO BASE

ROMAN COM UNHAS NECROSADAS PÓS-CONGELAMENTO

6

A VITÓRIA DO FRACASSO

ACAMPAMENTOS DO MONTE DENALI NO ALASCA, NA EXPEDIÇÃO DE 2007

ACAMPAMENTO AVANÇADO E IMAGEM AÉREA DO MONTE DENALI

7
AVENTURA VS. EXPEDIÇÃO

CAMPO BASE DO AMA DABLAM (NEPAL). ROMAN ROMANCINI E PASANG DAWA SHERPA NO INÍCIO DA PARCERIA DE ESCALADA

EXPEDIÇÃO AMA DABLAM (2008)

PENITENTES DO SHISHAPANGMA (TIBETE)

EXPEDIÇÃO SHISHAPANGMA (2010)

8
TINHA UMA PEDRA NO MEIO DO CAMINHO

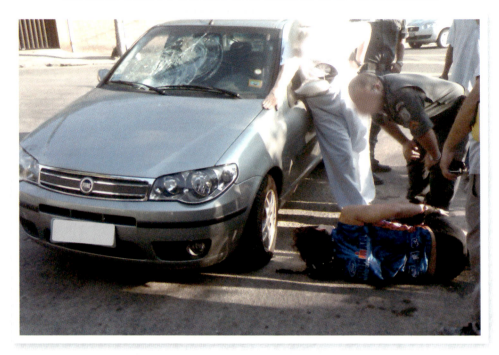

ACIDENTE DE BICICLETA (2011) E REGISTROS DA RECUPERAÇÃO PÓS-CIRÚRGICA

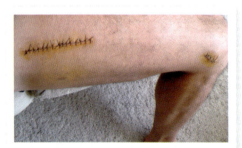

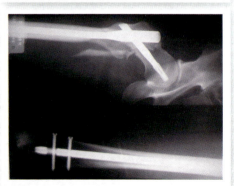

No retorno ao Rio de Janeiro, eu e os alpinistas brasileiros Carlos Santalena e Cid Ferrari fomos convidados pela TV Globo para explicar para o Brasil, no *Fantástico*, o que tinha acontecido. Na condição de testemunhas e sobreviventes. No ambiente pessoal, mais uma vez reparei que as pessoas vinham conversar comigo em tom de pena. E me julgaram, e me questionaram: "Você não percebe que essa é mais uma mensagem para você?", "Não está captando os sinais?", "Acho que o destino não quer que você escale o Everest.", "Por que você não tenta fazer outras coisas?" Ouvi vários "toques" desse tipo. Como sou muito bem resolvido com o meu propósito na montanha, o que chamam de burrice ou "cabeça-dura", eu vejo como exercícios de resiliência e de fortalecimento de inteligência emocional.

Eu costumo refletir demais sobre o processo de aprendizado constante de cada expedição. Essa, especificamente, serviu para eu redefinir certos critérios de sucesso. De discernimento. Uma tragédia como aquela evidenciou para todos a completa irrelevância de um cume. Voltar com vida para casa foi meu maior sucesso naquele ano. Não conseguir subir a montanha faz parte. Não foi a primeira vez que eu regressava para casa sem o cume. E certamente não seria a última. A vida de um montanhista é assim. Lidar com frustrações e saber se planejar tanto para entrar quanto para sair do ambiente natural da montanha e, principalmente, saber priorizar o que, de fato, é importante: sobreviver. Hoje tenho maturidade para olhar para o Everest ou estar a poucos passos de qualquer cume e falar: "Desta vez não vai dar." Eu já estava vacinado contra o chamado *summit fever* (o anseio por atingir o cume a qualquer custo).

No ano seguinte, apesar do governo nepalês ter estendido os certificados de permissão para a escalada do Everest por mais cinco anos, decidi me recolher e não partir para nenhuma outra expedição naquela temporada. Era preciso me recuperar emocionalmente, dar um tempo para a família e esquecer o susto para retomar aos poucos a busca por aquele sonho. Infelizmente, na temporada 2015, aconteceu uma nova tragédia no Everest. Dessa vez, a que viria ser a maior da história. Um terremoto de magnitude 7.8 assolou o Nepal, resultando em uma avalanche de gelo e pedra que despencou do monte Pumori diretamente sobre o Acampamento Base, destruindo barracas e fazendo vítimas fatais e dezenas de feridos. Padawa, meu parceiro de escalada no Shishapangma, se feriu ao se jogar em uma fenda para se proteger de pedras, barracas e objetos soprados em sua direção. Foram mais de 1.200 mortos no Nepal, sendo 22 deles no BC do Everest.

Apesar de eu não estar lá, quando a notícia saiu na mídia brasileira, mais uma onda de mensagens invadiu as redes sociais da Dani perguntando sobre mim e, mais uma vez, questionando a responsabilidade de ser montanhista e escalar no Himalaia. Por conta própria, de forma surpreendente e emocionante, ela sentiu a necessidade de sair em defesa da minha causa e publicar um texto como resposta às críticas.

Minha humilde opinião sobre o assunto.

Escalar montanhas é, antes de tudo, uma paixão, é a superação de desafios.

Alguns entendem a escalada como um resgate de alma. O silêncio, a neve, os deuses que protegem (segundo a lenda) as montanhas do Himalaia fazem dali um lugar sagrado e de reflexão. Como diria um velho amigo, chegar ao cume de uma montanha é apenas a metade do caminho. Voltar é a parte mais importante.

Conquistar uma montanha é passar por todos os passos, desde o preparo dos equipamentos, o estudo de sua história, de seus riscos, de seus mistérios. É a escolha dos parceiros, é pensar em cada acampamento, em cada momento. É a saudade da família que ajuda a voltar e a escolha do risco. Como já disse, essa é a minha opinião, não que eu concorde com essa paixão, que na realidade não sei explicar, mas respeito. Respeito, mas é bastante difícil para mim como esposa e mãe, mas reconheço que quando conheci o Roman o defeito já vinha de fábrica.

Acho que os deuses estão tentando ensinar alguma coisa, como respeito à natureza, respeito aos limites, e avisar sobre a ambição de muitas pessoas que mesmo diante desta tragédia ainda buscam o sucesso comercial e uma "suposta e falsa" conquista do Everest. Foram dois anos seguidos, dezenas de mortes na montanha e milhares em um lugar assolado pela pobreza e dependente desse círculo.

Meu respeito a todos os que morreram, aos verdadeiros montanhistas, aos amigos que estão lá com saúde e ao meu marido que, apesar de me garantir muitos cabelos brancos e rugas, me ensinou um pouco desses mistérios.

11

A SAGA DOS CUMES INVERNAIS

Era necessário dar uma pausa no sonho, ir para casa, assimilar tudo o que havia acontecido e entender os impactos e desdobramentos do desastre. A tragédia do terremoto doeu em mim como se eu estivesse lá novamente. E senti muito pelos amigos que lá estavam e por toda a comunidade nepalesa do vale do Khumbu que não merecia ter passado por tudo aquilo. Muito menos em dois anos consecutivos.

Depois da avalanche de 2014 e do terremoto de 2015, sabia que os meus sonhos não poderiam virar traumas familiares. Resolvi, então, retomar o projeto dos sete cumes invernais, que nasceu no Aconcágua em 2004, partindo para os menos difíceis. A começar pelo Kilimanjaro, na África. Em meados daquele ano consegui conciliar o tempo com o trabalho e com a família para tirar uma semana e fazer alguma montanha.

Quando comecei a organizar meus equipamentos, senti falta de um parceiro para me acompanhar nesse desafio, considerado o menos difícil dos sete. Mas quem toparia ir comigo em cima da hora para uma expedição desse tipo? Tinha de ser alguém destemido, que estivesse em forma e tivesse flexibilidade para partir em cima da hora. Alguém que topasse a "roubada". Peguei o telefone e liguei para o ultramaratonista carioca Bernardo Fonseca, um amigo que, mesmo ainda sem experiência em alta montanha, eu sabia que embarcaria na ideia imediatamente.

— Fala, Bernardo!

— E aí, Roman?

— O que você vai fazer no feriado de 7 de Setembro?

— Vou ficar com as crianças aqui no Rio. Por quê?

— Estou planejando outra expedição. Desta vez um pouco mais tranquila. Topa ir para o Kilimanjaro comigo?

— Opa! Deve ser uma expedição irada. Ano que vem? Vamos combinar sobre quando fazer, a preparação, equipamentos e tudo mais.

— Cara, ano que vem, não. Semana que vem!

— Porra! Semana que vem? Tá maluco?

Uma breve pausa, e sem muito hesitar, respondeu:

— Vamos nessa!

A coragem é contagiosa. A estupidez… também. Foi surpreendentemente simples. Compramos as passagens, contatamos alguns guias locais, fechamos as mochilas e partimos. Depois de 35 horas de voo, finalmente chegamos a Moshi (910 m), na Tanzânia, cidade próxima à entrada do parque onde o Kilimanjaro está situado. Interessante como o tempo na montanha é singular. Tudo desacelera. As conversas, as decisões e até o preparo da comida são diferentes. Difícil é domar a ansiedade.

Com o intuito de fomentar a economia local e garantir a segurança de todos, é expressamente proibido escalar o Kilimanjaro sem guias locais. Política que aprecio muito. Indicado por outro amigo, guia de montanha,

Maximo Kausch, nós contratamos o Lázaro, conhecido na região como "The Teacher". Um simpático sujeito, com um sorriso gigante e um coração maior ainda, sem falar nos 615 cumes feitos e no grande impacto social que ele gera em sua comunidade através do Orfanato Kilimanjaro, fundado pelo próprio Lázaro.

No nosso primeiro encontro, ficamos sabendo por ele que a rota Western Breach — a mais difícil —, vertical e técnica, tinha sido reaberta recentemente depois de mais de 20 anos interditada. Nós tínhamos planejado ir pela rota normal, conhecida como Coca-Cola — um longo trekking até o cume feito por 99% das pessoas que escalam a montanha. A ideia inicial era fazer em sete dias o que normalmente seria feito em nove. Porém fiquei animado com a possibilidade de fazer uma rota diferente, mais desafiadora e em menos tempo. Além disso, descobrimos que essa poderia ser a primeira ascensão brasileira da Western Breach. O que me instigou ainda mais. Foi quando o Bernardo questionou.

— Mas, pessoal, por que a rota ficou fechada por tanto tempo?

— Esta rota é a mais perigosa, pois rolam muitas pedras de vários tamanhos sobre a trilha. E há 20 anos, um deslizamento de rochas matou um grupo de alpinistas, o que fez com que as autoridades locais fechassem a via — respondeu o Teacher.

Ele olhou para mim com um ar sarcástico e disparou:

— Porra! Por que que a gente vai nela então?

Talvez a ideia não tenha sido das melhores. Confesso que não sou fã do lado marqueteiro do ineditismo, mas admiro e fomento o pensamento inovador e a atitude ousada, quase anárquica, de buscar fazer diferente. Como bem define o amigo montanhista Gustavo Ziller: "Um brinde à vida criativa!" E assim concordamos em seguir por essa via.

O plano era bem agressivo sob a perspectiva fisiológica de aclimatação. Inicialmente era entrar no parque e subir por seis horas até o acampamento Machame, que fica a 2.829 m de altitude. Na manhã seguinte, caminhar por mais seis horas até o acampamento Shira, a 3.837 m, forçando uma aclimatação rápida. Um ganho de elevação expressivo de 1.000 m, enquanto o normal é avançar por volta de 500 m/dia. No 3º dia, ir até o acampamento

Arrow Glacier, a 4.871 m, em mais seis horas de percurso. Mais uma pancada pulando um dia de descanso para, então no outro, alcançar 5.731 m no acampamento Crate. E, por fim, atacar na manhã do 5º dia o cume do Kilimanjaro, o Uhuru Peak, a 5.895 m, e depois descer até o acampamento Mweka, com oito horas de atividade previstas para o trecho. No 6º e último dia, desceríamos até a cidade de Moshi, onde terminaríamos a expedição e partiríamos para um safári para descansar e visitar as tribos Maasai.

Quando fomos formalizar a mudança da nossa rota ao parque, soubemos de uma nova regra, a da obrigatoriedade do uso de capacete, item que não tínhamos levado por não ser necessário no trekking da rota tradicional. Tivemos de improvisar de forma inusitada. Conseguimos alugar dois capacetes de moto na comunidade local e lá fomos nós. Seríamos a chacota da montanha, o meme da temporada.

Incrível como o padrão se repete, não importa a experiência. O dueto jet lag e ansiedade não me deixa dormir, mesmo depois de dois dias nos desconfortáveis assentos dos aviões e aeroportos. Às 3h30 da manhã eu já estava pronto para correr uma maratona. Tentei retomar o sono. Com a cabeça a mil por hora, não parava de imaginar a nova rota, potenciais riscos e alegrias. Bernardo parecia dormir igual a uma criança. Pontualmente às 5h nós fomos acordados pelos alto-falantes chamando para as orações muçulmanas.

Às 8h partimos para o ponto de encontro onde pesamos as malas *duffle*,* que somadas não passaram de 20 kg. Impressionante como podemos ser minimalistas. Todo envolto em nuvens e névoas, o Campo 1 fica a cerca de 3.000 m e parece um minivilarejo de uma só casa e várias barracas.

Havíamos nos preparado mentalmente para subir em cinco ou seis horas, mas levamos três horas e vinte, e com parada para comida. Rápido demais. Nada bom. Primeiro dia é sempre assim. Difícil mudar a programação mental do dia a dia na cidade. *"Pole, pole"*, como dizem por lá. "Devagar, sem pressa", como deveria ser. Eles são sábios. Com os capacetes pendurados nas mochilas, logo viramos piada no acampamento. Foram

---

* Malas-mochilas para transportar equipamentos em expedições.

quatro horas e 1.000 m de desnível até o Campo 2 (Shira Camp), o primeiro dos três vulcões do complexo Kilimanjaro. Quando o tempo abriu levemente, conseguimos avistar o cume a distância.

Mais uma vez, fomos rápidos e constantes, e subimos do C1 para o C2, de 2.800 m para 3.800 m em pouco mais de três horas com paradas. Ao chegarmos no Campo 2, Bernardo registrou nossa chegada e anotou no livro: 28 anos. Era o dia do aniversário dele, mas não eram 38? Brinquei com ele: "28?", esperando uma resposta do tipo: "Ops, conserta aí para mim." Mas ele respondeu: "Queria o quê, que eu escrevesse 29?" Insisti no tema e a resposta veio: "28, 28, 28". Primeiro alerta de que algo não estava normal. Durante as horas que se seguiram, Bernardo estava mais calado e reclamou de certo incômodo. Mas ele é forte. Numa caminhada ao redor do acampamento, batemos a marca de 4.000 m e voltamos, seguindo a máxima *climb high, sleep low*" (suba alto e durma baixo), e ganhamos a primeira vista da montanha. Ela se revelara para nós. A natureza resolveu nos presentear com um pôr do sol incrível naquele dia, quando comemoramos o aniversário.

Estava nos planos ver como nossos organismos iriam lidar com essa aceleração vertical. Testar nossos limites fazia parte do jogo de autoconhecimento. Nas duas noites anteriores não tínhamos dormido mais que cinco horas, acordando várias vezes. Bernardo chegou a sentir uma leve dor de cabeça e pouco apetite, sintomas normais, mas que devem ser monitorados. O ideal nessas horas é consumir muita água, tentar se alimentar mesmo que sem muita vontade e descansar. São esses os melhores remédios.

Algumas das formas de avaliar a adaptação à altitude são os batimentos cardíacos e a concentração de oxigênio no sangue. Todo dia medimos a saturação e os batimentos; os parâmetros estavam nos níveis normais em um processo de aclimatação. Apesar dos sintomas, nossos corpos estavam muito bem adaptados. Decidimos juntos, então, tocar pra cima pulando o Lava Tower e indo direto para o Campo 3 (4.800 m), o Arrow Glacier Camp, depois de mais de cinco horas de caminhada.

Foi, sem dúvida, uma ascensão ousada sair de 900 m para 4.800 m em apenas três dias. E, como era de se esperar, começamos a sentir os efeitos da altitude. Respiração já ofegante, mas nada além. Desfrutamos de um isolamento ímpar. O campo era só nosso. Algo raro em uma montanha que recebe em torno de 50.000 pessoas por ano. Um verdadeiro privilégio. Mais tarde, Teacher nos levou para reconhecer a rota e dar mais um estímulo ao corpo.

Todo montanhista teme o famoso mal de montanha, reação do corpo à altitude, cujos sintomas variam de perda de apetite, dor de cabeça, insônia e náuseas até, em casos extremos, edema cerebral e/ou pulmonar. Observar os primeiros indícios e tratá-los rapidamente pode ser vital. Era hora de focar no nosso repouso, na hidratação e na alimentação, na manhã seguinte seria o dia do ataque ao cume.

Nossa ousadia final foi a decisão de sair para o ataque ao cume às 4h da manhã, horário mais seguro para passar pelo último trecho da via Western Breach. O plano era passar pelo C4 a 5.700 m e subir direto para o cume. Se o tempo estivesse bom e os males da altitude não nos afetassem, retornaríamos para dormir na cratera do Crater Camp (C4). Caso contrário, desceríamos o mais rápido possível. Sempre no esquema *"pole"*. Fazia um frio desgraçado dentro da barraca. Acho que subestimei as temperaturas invernais do Kilimanjaro e meu saco de dormir -10ºC não estava dando conta. Fiquei com saudade do -40ºC que uso no Himalaia.

Depois de aproximadamente oito horas de escalada, chegamos ao Crater Camp; Bernardo desfaleceu. No caminho, com pedras voando em nossa direção e com temperaturas baixas, ele não havia se hidratado direito porque a água congelou no canudo de sua mochila-cantil. Essa foi a nossa falha. Fazer uma ascensão rápida com pouca hidratação. Péssima combinação. Naquele momento precisamos repensar a situação e questionar se era o caso de abortar a tentativa de cume e descer. A primeira coisa que fizemos foi reidratá-lo. Dependendo de como ele reagisse, tomaríamos a decisão. Ele insistiu em seguir e se levantou.

Escalamos sobre uma tênue linha entre ousadia e irresponsabilidade. Ganhamos naquele dia cerca de 1.200 m de altitude, beirando a faixa dos 6.000 m. Chegamos ao cume do Kilimanjaro mais ou menos às 12h em pleno inverno. Nesse ponto os sintomas do Bernardo haviam piorado, e só fizemos umas fotos para registrar o momento e tomamos a decisão de descer de volta ao Millenium Camp, a 3.900 m. Quando nem a alimentação nem a hidratação dão jeito, a única coisa que resolve é baixar de altitude. E o quanto antes. Já tínhamos chegado ao nosso limite e nossa preocupação naquele momento se tornou apenas o bem-estar da equipe.

Fizemos a escalada da montanha, que normalmente é feita entre sete e nove dias, em quatro. Depois desse episódio Bernardo disse, em tom de brincadeira, que eu havia esticado demais a corda e que quase o matei. Fico feliz com a nossa conquista e com a experiência da expedição. Passado o sufoco, demos conta de que fizemos o percurso da entrada à saída do portão do parque em 70 horas.

De volta para casa e por enquanto ainda sem o Everest nos planos, aproveitei a empolgação do feito na África e comecei a planejar a subida da montanha mais alta da Europa, o Elbrus, no Cáucaso, inserida no projeto dos sete cumes invernais. Em 2016, para fugir do calor do carnaval carioca, com chances de me liberar do trabalho por 10 dias e com o aval da família, achei que era hora de ir para a Rússia em pleno inverno. Não tinha muita ideia do que me esperava.

Liguei para o Bernardo, que topou imediatamente entrar no time. Embarcamos juntos para um novo desafio. Dessa vez ainda mais ousado. Até aquele momento não havia registro de brasileiros que tivessem escalado a montanha nessa época do ano. Como não tinha encontrado nenhuma referência nacional para me dar suporte na pesquisa e preparação, peguei boas dicas e orientações com outras fontes e amigos estrangeiros. De novo, Maximo me indicou uma lenda local para nos auxiliar.

Uma das características mais marcantes de alguns viajantes é a eterna inquietude de querer sempre partir. Não que não amemos nossos portos seguros, nosso conforto, segurança, o nosso lar. Mas a saga pela exploração pulsa forte. Nessa tônica, partimos, Bernardo e eu, mais uma vez para mais um dos sete cumes invernais. Diferentemente do Kilimanjaro, a ideia foi seguir uma escalada tradicional, cumprindo os ciclos de aclimatação. Como nessa estação as temperaturas chegam aos míseros -56ºC, nosso plano era achar uma boa janela de cume com temperaturas mais toleráveis. Se é que isso seja possível em pleno inverno russo.

O Elbrus fica no sudoeste da Rússia, na fronteira com a Geórgia, entre o mar Negro e o mar Cáspio. Uma região em pé de guerra desde o desmembramento da União Soviética. Já em Moscou, depois da típica bagunça na imigração e dos últimos arranjos para melhorar a comunicação com o mundo, só nos restava torcer para que as quatro malas *duffle* chegassem intactas, direto ao destino e, preferencialmente, junto com a gente. Poucos minutos antes de embarcar encontramos um senhor sorridente e simpático, com histórias interessantes sobre o alpinismo russo: Nikolay, nosso agente local. Após dois dias viajando em três longos voos, horas e mais horas de conexões e uma também extensa estrada vale acima, chegamos à pousada Elba, nosso acampamento base (2.100 m), já quase na fronteira com a Geórgia, no pitoresco vale Baksan, cujo vilarejo Baydaievo leva o nome da família que há séculos vive por lá.

— Vocês querem dormir ou preferem sair para uma pequena caminhada? — perguntou Nikolay.

Mesmo sem dormir havia dois dias não tivemos dúvidas.

— Vamos nessa! — respondemos em coro.

Partimos logo e entre fontes de água mineral estupidamente gelada e vilarejos cobertos de neve, seguimos uma trilha morro acima até uma cascata de gelo, já pensando no uso das piquetas técnicas para os próximos dias. Andar na neve sem *crampon* é um verdadeiro ensaio de filme de comédia. Entre movimentos desajeitados, escorregões e tombos, sobrevivemos (com alguns hematomas e eu com o cóccix fraturado) para voltar a tempo de um bom banho para finalmente jantar e dormir. No dia seguinte a missão seria subir até os Barrels (Campo 1, a 3.750 m).

Em meio a praticantes de esqui, snowboard e motos de neve, subimos pouco acima dos 4.000 m e apreciamos a paisagem. Durante o almoço discutimos os planos para os próximos dias e trocamos histórias e experiências. Nossa expedição tinha cinco membros: Nikolay Shrustov, um veterano do montanhismo russo com mais de 40 anos de experiência; Yuri Pavlov, um alpinista local com mais de 230 ascensões bem-sucedidas ao Elbrus; Gallina, a cozinheira e meteorologista; Bernardo e eu. Na conversa, descobrimos que Nikolay e Yuri, mesmo com tanta experiência na temporada tradicional de verão, nunca haviam feito a ascensão invernal. Segundo eles, ainda hoje é rara a escalada do Elbrus no inverno.

Tudo arrumado, partimos com mochilas, *duffles*, caixas e sacos suficientes para ficarmos até atingir o cume e retornar em segurança. Muita discussão sobre as nuances das previsões meteorológicas, principalmente sobre os ventos, que já estavam no limite do suportável. Já na estação, competindo com os esquiadores, conseguimos embarcar a tralha toda em um bondinho que nos levaria até 3.400 m para depois pegar uma carona em um *ratrack*,* até o nosso acampamento, os famosos Barrels, contêineres que mais parecem aqueles reservatórios subterrâneos de gasolina nos postos, nossa morada pelos próximos vários dias.

Como sempre, o jet lag de quem vem do Ocidente atrapalha as primeiras noites de sono. Eram apenas cinco horas de diferença, mas o suficiente para passarmos a noite tentando, em vão, dormir. Amanheceu como um típico dia de inverno russo, o vale coberto de uma espessa névoa e muita, muita neve. Com as mochilas prontas e bem-alimentados, partimos para o segundo dia do ciclo de aclimatação. A princípio, iríamos até os Barrels (3.780 m), mas, ao chegarmos à última estação do teleférico, acima das nuvens, a montanha nos revelou um impressionante dia, com temperaturas *agradáveis* (-10ºC a -15ºC), sem vento ou nuvens. Lá estavam, de um lado, o colosso Elbrus com seus dois cumes e, do outro, a majestosa cordilheira do Cáucaso, fronteira entre a Europa e a Ásia. É tentador olhar o cume "logo ali" em um dia perfeito e não seguir, mas… engana-se quem cai na tentação, muitas vezes com consequências fatais. Um dia de cume aclimatado ideal é um dia de 15 horas saindo de 3.800 m, com onze delas de subida.

Devidamente instalados e almoçados, partimos para uma subida de aclimatação e treinos até quase 5.000 m, já encordoados, com *crampons* e piquetas. Importantíssimo desenferrujar as técnicas de autorresgate e caminhadas em glaciares. As condições da neve estavam boas. Entretanto, o gelo bem duro, um tipo chamado de *blue ice*, é um verdadeiro concreto. No verão, os alpinistas, em sua grande maioria, utilizam veículos de gelo

---

* Trator para nivelar a superfície da neve nas pistas de esqui.

até aproximadamente 5.000 m, de onde partem para o cume. No inverno, a pista deixada por esses tratores fica completamente petrificada em forma de *blue ice*, um tobogã fatal.

Foi bom treinar e ajustar os detalhes entre nós, como ritmo, pisada, equipamento, vestimenta e posicionamentos de emergência, um dia ideal para cometer e corrigir erros. A última vez que eu utilizei um parafuso de gelo tinha sido no Ama Dablam, em 2008. Logo no primeiro, ao retirá-lo, deixei o bendito cair e tudo que pude fazer foi apenas ficar olhando ele escorregar ladeira abaixo. Um detalhe simples que eu havia esquecido: segurar com a outra mão no final dos extenuantes movimentos de manivela para retirá-lo do gelo. Nem imagino a frustração que seria lembrar disso no meio da congelante madrugada durante o ataque ao cume.

Yuri, com um tom saudosista, contava-nos as histórias sobre as ruínas de refúgios. A época de ouro do alpinismo russo se deu nos anos 1970 e 1980, quando a extinta União Soviética investia pesado nesse esporte e na infraestrutura como bandeira nacionalista. Super-humanos conquistavam montanhas até então tidas como "inescaláveis", por rotas e paredes impensáveis, em condições inimagináveis. Com a Perestroika, a abertura política e o desmembramento da URSS, o fluxo de investimentos migrou para questões mais elementares e, aos poucos, toda a infraestrutura montada foi se deteriorando. Não sei como é o Elbrus no verão, mas a julgar pelas ruínas aparentes no inverno, deve parecer um cemitério de estruturas metálicas retorcidas, cabos, torres e refúgios abandonados que, para nossa sorte, estavam cobertos pela beleza branca da neve fofa.

Na descida, a visão mais espetacular daquela região. Uma gratificante recompensa pelo frio e pelo esforço. Um pôr do sol impressionante. Talvez o mais belo que já vi. Era possível ver toda a cordilheira do Cáucaso e seus sete picos acima dos 5.000 m. Uma infinidade de sombras, formas, arestas, montanhas e vales. Todos os tipos de neve, gelo, pedra e parede. Cinquenta tons de cinza, outros 50 de branco e 64 mil de cores no céu. Uma pintura singular a -20ºC.

Não havia nome mais apropriado para a "pista" de *blue ice* do que Sunset Boulevard. O dia amanheceu esplêndido, inacreditavelmente limpo, calmo e *quente*. Pulamos da cama (como é bom dormir numa cama!), comemos e partimos o mais rápido possível. Contudo, para a nossa surpresa, ao chegarmos à estação de esqui, tudo estava cercado por militares: público isolado, teleféricos fechados e sem a menor possibilidade de subir caminhando, como o planejado. Depois de alguns minutos de tenso diálogo, sem entender uma palavra, decidimos seguir para o Pico Cheget (3.780 m), outra estação de esqui bem em frente, já bem próximo da fronteira. Algo relacionado à manutenção para uma competição de esqui e a manobras militares havia fechado a montanha naquele dia. Mesmo seguindo uma estratégia de aclimatação acelerada e ousada, similar à do Kili, dadas as boas condições de hidratação e alimentação, nossos corpos responderam muito bem à altitude.

Começamos a caminhada no estacionamento (2.100 m) e, logo aos cinco minutos, paramos para começar o striptease. Bernardo cantarolava "põe casaco, tira casaco, põe casaco, tira casaco". Com a neve em condições ideais de caminhada — nem *icy* nem muito fofa — achamos o ritmo e em algumas horas subimos sem parar até uns 3.300 m, ao som das risadas dos esquiadores, que provavelmente perguntavam: "Por que esses idiotas não usam os lifts?"

A situação era realmente um tanto ridícula para quem nada sabia da expedição. Em plena estação de esqui, sob um sol digno do carnaval carioca, três indivíduos, suando em bicas e fritando com o reflexo na neve, subiam em zigue-zague, por horas a fio, encostas íngremes de neve fofa logo abaixo dos teleféricos que levavam ao mesmo destino.

Subimos até onde o famoso jeitinho brasileiro nos levou. Cheget é a última montanha russa antes da fronteira com a Geórgia e muito militarizada. Paramos quando o Yuri perdeu a paciência caucasiana com a nossa insistência em "subir só mais um pouquinho". Fizemos um lanche ligeiro, tiramos fotos e descemos, já com o sol querendo se esconder atrás da cordilheira. Foram trinta minutos gélidos de teleféricos montanha abaixo, incluindo uma longa parada no melhor estilo montanha-russa, daquelas dos parques de diversão; claro, quando nós já estávamos na sombra, só para esfriar os ânimos, literalmente. Mas o melhor ainda estava por vir, durante o almoço, com as histórias do maestro Nikolay.

Na extinta URSS, a mais alta honraria do montanhismo soviético era o prêmio Snow Leopard, concedido à elite de montanhistas que escalaram os cinco gigantes da Ásia Central acima de 7.000 m pertencentes ao território soviético. Em minha pesquisa, até 2016 apenas 552 troféus tinham sido entregues. Nikolay, emocionado e com lágrimas nos olhos, contou-nos os episódios de suas escaladas nesses colossos, seus amigos perdidos e as "inusitadas" situações, dignas de um verdadeiro clássico da literatura de montanhismo. Falou sobre a fatídica vez em que não conseguiu atingir, pela segunda tentativa, o santo graal do alpinismo russo. Foi quando nos demos conta de que estávamos diante de um verdadeiro leopardo-das-neves. Não daqueles coroados, mas daquele que renunciou à glória para salvar uma vida humana, o tipo verdadeiro de montanhista.

Tinha chegado, então, a nossa hora. A previsão era boa, com ventos moderados e temperaturas oficialmente na casa dos -45ºC. Nós iríamos a 4.700 m, para então voltar e dormir no Campo 1, a 3.800 m. Descansaríamos e, na madrugada seguinte... para o cume! Nossa janela de bom tempo estava quase no fim. Era preciso acertar de primeira ou poderíamos perder a oportunidade.

Sob o pior frio que já pegamos na vida, alcançamos o cume do Elbrus com ventos de 50 km/h e uma sensação térmica de -65ºC. O sol reluzia sobre a parede de gelo ao leste, como se fosse uma luz nascendo no horizonte do mar. As condições térmicas foram a razão pela qual não temos a clássica foto com a bandeira no cume. Conseguimos assimilar nossa conquista e comemorar já na descida, em uma encosta mais abrigada. Foram aproximadamente 12 horas de subida e outras seis descendo até o C1 novamente: 18 horas no total.

Recostado sob a parede, Bernardo disse com humor que "comeu o pão que o diabo amassou", o que era um ótimo sinal. Estávamos em êxtase com o feito. Na descida, porém, ao atravessar um trecho de *blue ice*, Bernardo escorregou e deslizou por 60 m. Num milésimo de segundo lembrei-me da queda do Denali. Mas dessa vez foi diferente. Antes que a gente reagisse, ele conseguiu frear. Um susto e tanto. Para ele, foi um dos projetos mais difíceis e com maior risco de morte envolvido de que participou, pelas condições extremas de frio associadas ao vento devastador.

Ainda na subida, cruzamos com um alpinista, subindo com roupas de esqui e sem *crampons*. Ao nos cumprimentarmos, alertamos sobre os perigos de escalar sem material apropriado, sobre a janela de bom tempo e, principalmente, sobre ir em solitário. Ele ignorou nosso conselho e seguiu adiante. Na descida, cruzamos com uma equipe de resgate que subia em busca dele. Em vão. Depois nós soubemos que ele havia morrido naquela despreparada tentativa. Foi um final triste que quebrou o nosso clima de entusiasmo. Momentos antes, estávamos em êxtase em meio aos esquiadores que não faziam a mínima ideia do que tínhamos acabado de realizar 3.500 m acima daquela estação de esqui.

Na Rússia vivi meus momentos mais frios da vida. De volta ao Brasil, era hora de descongelar e dar uma pausa. Por um ano e meio dediquei-me estritamente à família e aos projetos profissionais. Foi só em setembro de 2017 que partimos de novo para uma montanha invernal. Dessa vez, a Pirâmide Carstensz, na Indonésia, ponto culminante da Oceania. A parceria com o Bernardo Fonseca que vinha funcionando bem se manteria para mais um desafio.

No meio de Papua-Nova Guiné, um dos lugares mais inóspitos do planeta, em meio às últimas tribos canibais e à maior mina de ouro do mundo, Carstensz é a montanha mais técnica dos sete cumes. Como eu vim da escalada em rocha, foi a mais divertida até hoje. Repetimos a estratégia de ascensão rápida baseada no nosso autoconhecimento do processo de aclimatação que vinha sendo aprimorado a cada montanha. Saímos do nível do mar e voamos de helicóptero de Timika até o Acampamento Base do Yellow Valley (4.300 m), de onde fizemos uma primeira caminhada de aclimatação.

No dia seguinte já partimos direto para a ascensão ao cume. A parte mais desafiadora e divertida é vencer o paredão vertical de cerca de 500 m. Que escalada linda! No cume, a 4.884 m, vimos o contraste de neves glaciares e florestas tropicais de ilhas paradisíacas. Com tristeza, testemunhamos do alto a inimaginável devastação causada pela mineração. Uma cratera

lunar no meio da montanha contrastando com o que restou da natureza preservada. Na descida, durante o trecho mais perigoso da escalada, com infindáveis séries de rapel, tive um desarranjo intestinal pendurado, que me forçou a descer mais apressadamente, me separando do Bernardo. Fiquei muito preocupado em abandonar meu parceiro em um trecho tão delicado da escalada, mas, na hora, tomei a decisão de descer até um platô para evitar defecar dentro do traje. Felizmente completamos bem, limpos e satisfeitos para comemorar nossa terceira montanha invernal juntos.

A partir daí, a saga dos sete cumes invernais alcançaria uma etapa mais desafiadora, já que os próximos destinos seriam o Denali, no Alasca; o Everest, nos Himalaias, ambos já conquistados por montanhistas no inverno; além do Vinson, na Antártica, o que seria um feito inédito. Considerado impossível até hoje. Era, então, chegada a hora de retomar o planejamento do Everest.

12

OS ÚLTIMOS PASSOS DO SONHO

As DIFICULDADES E OS IMPREVISTOS de uma expedição começam bem antes da saída. Dinheiro, tempo, família e trabalho deveriam estar muito bem equacionados para eu conseguir realizar o sonho de escalar o Everest em 2018. Naquele ano levantei uma iniciativa multidimensional que envolvia a produção de um documentário com o meu amigo Rafael Duarte, um projeto-piloto social, e a arrecadação de fundos para projetos sociais parceiros.

O momento de arrumar as coisas para uma expedição começa quando cai a ficha do que está por vir e a ansiedade aumenta. Era chegada a hora de organizar dois meses em duas malas. Equipamentos, comida, comunicação, áudio e material de vídeo. Tudo isso com o mínimo de peso possível e com o máximo de eficiência térmica. O mais importante da mala é na verdade a esperança. Disso, sim, devemos estar carregados.

Na saída para o aeroporto, só a Giulia quis me acompanhar junto com a Dani. O Vitor não quis ir porque disse que iria chorar muito ao me ver partir. Antes mesmo de sair de casa foi um chororô danado. Eu inclusive. Eram tantos sentimentos envolvidos... e cada um sob a sua perspectiva. Eu estava sentindo uma angústia esquisita naquela sexta-feira. Além de toda a pressão, que vinha de tudo quanto é lado, ainda por cima meu pai estava hospitalizado em Brasília com um prognóstico pós-infarto bem ruim. Antes de partirmos para o meu embarque, a Dani me perguntou:

— Se acontecer alguma coisa com o seu pai, você vai querer saber?

— Claro — falei de pronto sob o baque da pergunta que estava sendo obrigado a responder a seco.

A resposta saiu com relativa naturalidade, afinal, eu saberia de qualquer maneira. Eu e meu pai temos uma conexão extrassensorial enorme.

Chego ao Galeão e já encontro o Rafa com a câmera na mão. A partir daquele momento, cada passo meu seria documentado para o filme que havíamos decidido produzir. Minha cabeça estava em transe. Por um lado, a caminho para tentar realizar um sonho perigoso e difícil com desfecho incerto. E por outro, o abraço de despedida dos amores da minha vida. Não tinha como ignorar também certa preocupação com os mínimos detalhes do planejamento da expedição. Em meio a essa montanha-russa de sentimentos, eis que o atendente da companhia aérea que estava fazendo meu check-in solta uma bomba.

— O senhor não poderá embarcar.

Por um descuido meu em meio à turbulência dos preparativos, não havia pensado em verificar a validade do passaporte, que expiraria dali a cinco meses e 23 dias. O problema é que o Nepal exige um mínimo de seis meses de validade para conceder o visto. Então coube à própria companhia aérea me barrar. Disse ao Rafa para seguir viagem sem mim para Katmandu e prometi que faria de tudo para chegar o mais rápido possível. Até porque a nossa chegada estava programada para o dia do Puja. Fora a questão da janela de aclimatação que não poderia ser perdida de jeito nenhum. A decepção de não entrar naquele avião foi estonteante. Graças a muitos contatos e infinitas insistências, consegui agilizar todos os processos, com direito a um bate e volta a Brasília, para então tirar o passaporte de emergência e o visto para embarcar, apenas quatro dias depois. Na visão dos supersticiosos de plantão, mais um argumento para me dizer que o destino não queria que eu escalasse o Everest. Seria mais um dos vários sinais que eu estava recebendo e que não queria enxergar. Prefiro acreditar que o universo me deu uma chance de me despedir do meu pai. Tive a sorte de poder dormir com ele no hospital antes de buscar meu visto pessoalmente na embaixada nepalesa em Brasília. Nada é por acaso.

Por alguma razão, dessa segunda vez eu estava tranquilo para embarcar. Algo mudou dentro de mim que me permitiu viajar mais leve e otimista. Talvez o encontro com meu pai tivesse me dado a certeza de que o veria novamente, apesar da descrença médica. Eu estava feliz por embarcar. Sem medo, só ansiedade. Era um frio na barriga gostoso. Muitas e muitas horas depois, finalmente cheguei a Katmandu. Emocionado. Henry Todd, líder dessa expedição e meu mentor das anteriores, já tinha partido e começado o trekking, mas o Rafa estava lá me esperando para seguirmos juntos para Lukla, onde de fato começaria a subida ao Acampamento Base do Everest. Por tradição e superstição, antes da partida, visitei uma artesã local numa lojinha escondida em meio ao caos do centro de Katmandu, e ali comprei um cordão chamado Dablam, que me serve como amuleto de sorte.

Quando já estávamos no ar — o avião balançando entre as montanhas, uma turbulência danada —, Rafa me perguntou se eu continuava tranquilo. Claro que não! O avião parecia um brinquedo na mão de uma criança, de tanto que quicava. O barulho dos objetos sacolejando se misturava ao som ensurdecedor dos motores.

O medo maior vem na hora do pouso. Na verdade, a sensação é de que o avião não pousa, bate na pista e freia devido à gravidade. Passado o susto, excelentes lembranças vieram à minha cabeça no desembarque. Afinal, fora aquele ambiente que me introduzira aos Himalaias uma década antes e que também me proporcionou tantas experiências transformadoras…

A receptividade dos locais, os amigos que fiz, os lugares que conheci, os desafios que enfrentei... E a atmosfera é única. É um aeroporto praticamente só para montanhistas. Roupas coloridas, malas *duffles* de todas as cores e tamanhos, uma festa para a tribo do esporte.

Com o objetivo de tirar o atraso dos dias ocupados com a liberação do visto e não perder o Puja da nossa equipe, resolvemos pegar um helicóptero de Lukla para Namche Bazaar (3.440 m), onde de fato começaríamos a aclimatação. Quando estávamos no heliporto aguardando a nossa aeronave, sentimos um clima esquisito no ar. Tinha chegado segundos antes um helicóptero trazendo o corpo de um alpinista morto no Makalu, outra cobiçada e desafiadora montanha da região. Vimos dois sherpas se aproximando de um saco de dormir fechado e volumoso. O cadáver tinha sido transportado em seu próprio equipamento. Quando abriram o zíper, reconheceram a vítima. Abraçaram-se e caíram em prantos.

Não foi fácil chegar testemunhando de cara uma cena como essa. Até porque quem pratica alpinismo sabe que muitos dos acidentes podem acontecer com qualquer um, independentemente da experiência ou do grau de cuidado. Parecia ter sido esse o caso. Uma equipe havia sido atingida por um deslizamento de pedras que causara alguns feridos e uma vítima fatal. Era a primeira daquela temporada do Himalaia. E a primeira é sempre a que mais mexe com todo mundo e dá aquele choque de realidade. O nosso veio logo cedo. Como se acendesse em todos um alerta para os perigos reais envolvidos.

O dia estava bonito, mas ventava bastante. Eram poucas aeronaves disponíveis. Dizem que os pilotos que atuam no trecho de Lukla até o Everest, em especial os de resgate, são alguns dos melhores do mundo dadas as dificuldades técnicas de voar em condições climáticas desafiadoras e em grandes altitudes em meio ao ar rarefeito. O nosso helicóptero foi sacudindo o trajeto todo. Não durou mais que dez minutos de viagem pelo vale do Khumbu. Flutuar em meio àquelas cadeias de montanha era estar em um cartão-postal especial e assustador ao mesmo tempo. Para nós, aquele era um dos passeios aéreos mais épicos do mundo que servia como um meio de transporte para a ocasião. O vento batia e a gente era jogado de um lado para o outro. Dava medo ver a parede rochosa se aproximar da gente. Só depois de pousar sãos e salvos ficamos convencidos de que o piloto sabia o que estava fazendo. A razão para a aeronave sacudir tão perto da montanha era para, na verdade, refugiar-se onde batia menos vento.

No heliporto de Namche, fomos gentilmente recepcionados por Pasang Dawa Sherpa — o Padawa —, amigo e parceiro de escalada de longa data que me acompanharia em mais uma expedição. Quatro anos depois, foi uma alegria reencontrar o sherpa mais experiente que eu conheço. Só para dar uma ideia da humildade desse mestre do Himalaia, quando lhe perguntei quantas vezes havia escalado o Everest, ele disse não saber. Como insisti, contou que era algo entre 20 ou 22 vezes. Na realidade, quem o conhece sabe que ele já subiu muito mais. O fato é que Padawa se força a dizer o número que o governo nepalês considera oficial. Para conquistar o certificado, o escalador é obrigado a tirar foto no cume e descer até o Acampamento Base para então subir para outra ascensão na mesma temporada. Todos que o conhecem, inclusive o próprio, sabem muito bem que ele fez vários outros cumes que não cumpriram tais requisitos. Ou não tinha foto do cume ou ele desceu para campos mais altos, do 1 ao 4, sem passar pelo campo base, e subiu de novo com outro cliente. Ascensões que não são oficialmente computadas. De acordo com seu depoimento, no momento em que eu escrevia este livro, ele estava em segundo lugar no ranking, com 25 cumes em seu histórico.

Padawa e eu nos conhecemos em 2008 no Ama Dablam e logo desenvolvemos uma forte relação de irmandade. A barreira da língua nunca foi um problema entre nós. Bastam poucas palavras e simples gestos para que a gente se compreenda bem. Em 2010 repetimos a parceria no Shishapangma, onde quase nada na expedição saiu como planejado, mas vivemos momentos bem legais juntos e estreitamos nossa amizade. Até culminar no fatídico ano de 2014, quando nos juntamos para a minha primeira tentativa de escalar o Everest, frustrada pela avalanche que matou um dos seus irmãos e vários amigos. Além de absurdamente técnico e profundo conhecedor das montanhas do Himalaia, Padawa tem o preparo físico de um touro. Ou melhor, de um iaque. Eu nunca o vi reclamar de cansaço. Na verdade, nunca o vi reclamar de nada. Sempre sorridente, simpático, gentil, tímido e humilde. Eu ainda quero colocar a gargalhada dele como toque do meu celular. É uma das pessoas de todo o planeta que mais pisaram no topo do mundo. Um monstro!

Faz parte de sua rotina viver e transitar em altitude. Ele desce semanalmente de Dingboche (4.410 m), onde mora com a esposa, para comprar mantimentos no mercado de Namche Bazaar. Quando desembarcamos suando frio daquela aeronave, lá estava Padawa para nos receber. Foi gentilmente nos ajudar com as nossas bagagens. Eu e Rafa estávamos com duas *duffles* com quase 25 kg cada de equipamentos, mais um mochilão cada um. Ele vestiu uma *duffle* como se fosse uma mochila, com as alças entre os braços, e sem dificuldade jogou outra em cima, na horizontal. Com a naturalidade de quem já tinha feito aquilo milhares de vezes. "Vamos, o abrigo é logo ali." Eu já tinha aprendido a desconfiar de estimativas sherpas no quesito distância. Quando falam que é perto, não há dúvida que para os padrões ocidentais é longe. E se falarem que é longe…

Naquele curto trecho de trekking sentimos que a expedição começava de verdade: o peso da missão sobre os ombros, os pés na trilha e olhando para as montanhas gigantescas no horizonte. Chegando a Namche, a meta era aclimatar. O tempo estava lindo. Frio. Tinha nevado bastante na véspera e feito -18°C no Acampamento Base do Everest. Era o prenúncio de uma temporada gelada. Aliás, a cada ano a temperatura fica mais extrema por conta das mudanças climáticas. Com mínimas mais baixas e máximas mais altas. Ou por um período mais longo.

Nessa expedição tínhamos uma proposta diferente para Padawa, indicado inicialmente para me acompanhar durante toda a escalada e me dar a assistência logística necessária, o que incluía levar para mim durante o trecho final dois cilindros extras por segurança. Pensamos, então, em convidá-lo para assumir outra função. A de carregar consigo até o cume, em vez de um cilindro de oxigênio extra, uma câmera profissional para documentar a nossa jornada em foto e vídeo. Sua aceitação à nossa proposta veio com um entusiasmo surpreendente. Ele topou o desafio na hora. Não por carregar um peso menor, mas por ter a chance de aprender uma habilidade nova aos 42 anos e a oportunidade de fazer algo no âmbito criativo, e não apenas físico ou logístico. O problema era um só: Padawa não sabia operar uma câmera profissional e tinha zero técnica fotográfica. Sequer havia segurado uma câmera daquele tipo. Rafa, experiente em ministrar workshops de fotografia, propôs, então, que a gente usasse os dias de caminhada para o BC para dar aulas práticas a Padawa. A alegria era nítida. Ele vestia a câmera com o cuidado de sempre colocar a correia atrás do pescoço. Um gesto que parecia de orgulho, abaixando a cabeça, como se fosse um atleta olímpico recebendo uma medalha.

O estresse já havia ficado para trás. Não tinha mais barulho de carro, moto, poluição. Não tinha mais a tensão das cidades grandes. Em Namche a vida parece passar mais devagar, mais tranquila. Senti um bem-estar imediato por começar com a sensação de ter feito tudo que tinha de fazer para me preparar e que aquela era a hora da verdade. No primeiro dia a meta é sempre só desacelerar. Eu me sinto muito em casa nesse tipo de ambiente: rural e de montanha. Minha infância foi em fazendas. Embora tenha crescido em Brasília, no Planalto Central do país, encontrei a minha essência em ambientes naturais de montanha. Eu que tenho uma vida corrida, cheia de compromissos, preciso diariamente conciliar a rotina de chefe, funcionário de multinacional, pai, marido, filho, atleta e ainda encontrar tempo para cuidar de mim.

Sinto-me à vontade em entrar em um ritmo leve e lento quando tenho a oportunidade de escalar montanhas e viajar pelo mundo. Gosto de experimentar comidas típicas, entrar em contato com a cultura local, conhecer pessoas com histórias, experiências e visões de mundo completamente diferentes das minhas; fazer amizades, ouvir casos, aprender... enfim, viver intensamente tudo que cada lugar pode me oferecer não apenas como montanhista, mas também como ser humano. Chamo isso de filosofia de viajante *go native* (tornar-se local).

Nosso plano de aclimatação foi descansar a 3.450 m no primeiro dia. No segundo, atingir 3.800 m até o Everest View Hotel (com um panorama clássico de observação com vista para o monte) e voltar para dormir uma segunda noite em Namche. Na manhã do terceiro dia, carregadores amanheceram para a subida com as nossas malas de equipamentos. Começamos o trekking rumo a Pangboche (3.930 m), passando direto por Tengboche (3.860 m) para ganhar tempo. Foi uma esticada e tanto. Um dia inteiro de caminhada por duros aclives e pontes suspensas ouvindo os sinos dos iaques — bovinos de pelo longo típicos do Himalaia com quem dividimos a trilha. Ao fundo, o som contínuo dos rios Dudh Kosi e Imja, com nossos rostos expostos aos ventos gelados que sopram as bandeiras coloridas conhecidas como "bandeiras de oração" (*prayer flags*): as bandeiras budistas, chamadas de "cavalos dos ventos", que carregam as boas mensagens e mantras em todas as direções.

Tudo o que eu não queria era pegar chuva no caminho e andar ensopado no frio. Mas a previsão estava boa. Choveu no começo, com neve, mas o tempo logo abriu. Foi quando vimos ao longe o Ama Dablam. O sentimento que tive ao olhar para aquela montanha foi de privilégio. Imponente, saltando sobre os picos no horizonte. Foi emocionante. Relembramos as histórias da viagem. Para mim é uma das montanhas mais bonitas do mundo. Ao avistá-la de longe, achei o pico diferente, bem menos nevado e mais escuro e pedregoso. Bem distinto daquela montanha de 2008. Uma triste e nítida consequência das mudanças climáticas. À medida que subíamos o vale do Khumbu ficava evidente a redução dos glaciares com as marcas bem claras da altura que já alcançaram.

Na trilha, alguns magníficos templos budistas adornam a paisagem. Em uma pequena venda, tive a sorte de encontrar, também subindo, Paul Vallin, um alpinista francês que estava na equipe de 2014 da expedição do Everest e que se tornara um grande amigo. Que alegria revê-lo! Foi uma caminhada dura, com direito a uma pirambeira de 500 m de desnível que testou o nosso fôlego e, de certa forma, colocou nossos treinos à prova. Foram duas horas de subida e ali a gente pôde sentir, mais uma vez, o peso da altitude. Valeram os exercícios puxando pneu com mochila pesada nas costas. Enquanto isso, Rafa e Padawa iam com suas câmeras de um lado para o outro explorando todo o potencial cênico que o ambiente oferecia. Outro momento especial do trecho foi deparar com aquele escondido cume preto no horizonte atrás de toda a cadeia de montanhas nevadas. Era o pico do monte Everest. Frio na barriga.

Exaustos, chegamos já ao anoitecer em Pangboche, sob uma névoa densa e um frio congelante. Uma leve dor de cabeça, um indício de que eu deveria cuidar da hidratação e observar o ritmo de ascensão. Queria só me secar, me aquecer, comer e dormir. Para completar, uma insônia interminável me assolava em mais uma expedição, um misto de jet lag e falta de aclimatação.

Ao amanhecer, Padawa nos convidou para visitar o monastério para recebermos uma bênção especial do lama local. Quando chegamos, estava em andamento uma cerimônia de Puja só com os moradores que partiriam para a temporada de escalada. Fomos muito bem recebidos e posicionados ao lado do lama dentro da tenda, uma hospitalidade típica dos nepaleses. Era um ambiente cheio de cores, com os anciões agrupados na sombra cantando um mantra e as crianças brincando ao ar livre sob o olhar atento de suas mães. Um chá salgado típico nos foi oferecido junto com algumas guloseimas açucaradas. Tratava-se de uma bebida à base de manteiga de iaque e sal. Não é a coisa mais deliciosa, mas é uma iguaria que só é compartilhada com quem eles têm estima.

Depois do Puja, seguimos rumo a Dingboche, num trekking silencioso. Eu estava reflexivo, preocupado com meu filho Vitor que se machucara jogando futebol e precisou imobilizar o joelho. Preocupado e chateado. Não estava lidando bem com a lesão que o tirou temporariamente do que ele mais gosta de fazer. E eu não estava lá para dar apoio na condição de "pai-torcedor-fã-conselheiro-treinador".

A primeira semana de cada expedição é sempre a mais difícil. Chamo de semana do desapego, essa transição das personas pai e profissional para montanhista expedicionário. Especialmente por saber que a Dani fica com todo o peso quando eu viajo para uma expedição. A minha cabeça ainda fica presa ao Brasil. Não apenas pelas funções práticas do dia a dia com os nossos filhos e com a casa que não posso compartilhar com ela, mas pelo fardo do medo que eles sentem de que algo ruim possa acontecer. Só pensava nela e na Giulia, que estavam muito sentidas na minha despedida.

O objetivo ali era ficar tranquilo no lado emocional e começar a focar no que viria nos próximos meses. Fase para preparar a cabeça, a alma e o coração para chegar bem ao BC e estar na melhor forma possível para enfrentar os momentos mais difíceis da escalada, que ainda estavam por vir. Para uma empreitada dessa magnitude, temos de estar 100% comprometidos. É hora para conversar com anjos, demônios e fantasmas. A partir do BC seria expedição na veia.

A chegada a Dingboche é épica. Um vale largo, com pequenas propriedades rurais na parte plana cercadas com muros de pedra. Iaques conduzidos por seus donos aravam a terra para fazer aflorar as batatas. À direita da "avenida" central da vila, o Ama Dablam, gigante, erguendo-se mais de três quilômetros sobre as nossas cabeças sendo queimado pelo sol laranja da tarde. A perspectiva mais bonita do cume para mim.

Na manhã seguinte acordei zerado. Pela primeira vez tinha dormido bem. Pronto para o ataque ao pico Narkang. A tática de aclimatação do dia era bater 5.000 m avaliando cada sensação do corpo. Dia de esticar a corda e explorar vários estímulos. Expor o corpo ao frio, sede, suor e dores musculares e nas articulações; testar limites fisiológicos da aclimatação. Um verdadeiro laboratório. Estávamos atrasados devido ao problema com o visto e precisávamos recuperar o tempo perdido pulando algumas etapas do processo normal. A concentração era total em como meu corpo estava se acostumando ao ambiente. Muito importante estar superatento aos sinais do corpo para reagir rapidamente se necessário.

A perna do acidente estava ótima. Eu não sentia absolutamente nada. Sentia-me, sim, firme e em forma. Às vezes o joelho estalava. O lugar onde a espícula incomodava em algumas circunstâncias doía e era preciso fazer massagem. Logo passava após um breve alongamento. Mas no geral me considerava, como diz meu pai, "zero km". Se por alguma razão eu não conseguisse escalar a montanha, não seria por causa da minha perna. Já era página virada. Na descida do pico, foi impressionante notar como a respiração melhorava à medida que a altitude baixava. Singelos 500 m fazem uma grande diferença naquela altitude. Para se ter uma ideia, o ganho de elevação dos meus treinos cotidianos ao nível do mar é de 1.000 m e não faz a menor diferença.

No trecho do dia seguinte pude absorver intensamente a sutileza da caminhada. A vida no cenário ia se transformando conforme avançávamos.

Bem diferente do começo do vale, cheio de árvores, ali só havia pequenos fragmentos de vegetação rasteira. Dali a alguns quilômetros, eu sabia que não existiria mais vida além da nossa. Comecei a notar os desmoronamentos de rochas e avalanches nas encostas. É bonito e assustador ao mesmo tempo ver a olho nu a transformação dos ambientes. De árvores para moitas. De moitas para gramados e matos. E, acima dos 5.000 m, apenas gelo, areia, pedra e cascalho. Ambientes quase lunares.

No trekking para Lobuche (4.910 m) dá para avistar a vila de Pheriche (4.240 m) lá embaixo à beira do rio. Ao passar por ela, eu me reencontrei com o memorial do Everest, um monumento em homenagem aos que morreram escalando aquelas montanhas. E cravado nele, para minha dor e de tantos queridos amigos, está o nome de Vitor Negrete. A ideia de escalar o Everest sempre foi acompanhada por ele. Por muitos anos planejamos fazer essa montanha juntos e doía não compartilhar com ele aquele momento. Mas, de certa forma, eu sentia que escalaríamos juntos.

Fiquei triste de não ter conseguido falar com as crianças por dois dias. A saudade apertava. O celular sem sinal. A internet fora do ar. Ainda estava preocupado com o resultado dos exames do meu minicraque. Pouco antes de chegar a Lobuche, havíamos planejado fazer uma parada para um tributo aos montanhistas falecidos num ponto conhecido como o grande memorial de pedras. Entre os homenageados está Rob Hall, alpinista e guia de montanha neozelandês que, em 1990, escalou os sete cumes em apenas sete meses. Morreu seis anos depois em uma trágica expedição, quando alguns de seus clientes também faleceram. História que ficou famosa pelo livro *No ar rarefeito*, de Jon Krakauer, um clássico da literatura de montanhismo. O memorial para mim é uma gigantesca mensagem de alerta do que fazer e, principalmente, do que não fazer. Dali a Lobuche foi um pulo. A nossa linha de largada estava bem próxima. Chegamos em forma ao abrigo pouco antes da tempestade de neve que veio logo atrás de nós, deixando a paisagem toda branca pela primeira vez.

O dia seguinte era 19 de abril, aniversário de dois dos meus três grandes amores, Dani e Vitor. Tudo o que eu queria era ligar para casa e falar com eles, o que só foi possível na próxima e última parada. A ansiedade para chegar logo foi o nosso motor. Com uma camada a mais de roupa do que os dias anteriores, estávamos em outro patamar em relação às condições térmicas. Paramos em Gorak Shep (5.140 m) para almoçar antes da esticada final de mais de uma hora e meia até o Acampamento Base do Everest (5.350 m). Finalmente, com a conexão retomada, fiz a chamada. Escrevi na neve uma mensagem, fotografei e mandei para eles. A saudade apertou forte, mas foi o estímulo de que eu precisava para seguir adiante.

Eu estava em um ambiente conhecido. Era a minha terceira chegada ao BC. Embora com o coração em casa, por dentro assimilava uma incrível sensação de realização pessoal. Tudo dando certo demais. Será que dessa vez eu conseguiria? Quando fitei aquele mar de barracas amarelas sobre a geleira, olhei para o Rafa e falei: "Enfim de volta!" Ao observar a paisagem, meus olhos foram logo para o serac que teve um pedaço despencado causando a avalanche de 2014. Impossível não lembrar dos corpos pendulando dos helicópteros de resgate. Lembrança dura. Logo a memória me trouxe um sabor amargo e manteve meus pés no chão. A festa que o Rafa fazia aliviou o clima. Ele estava animado em chegar pela primeira vez àquele ambiente que ele chamaria de casa por semanas a fio.

Eu sabia de cor a localização do acampamento da Himalayan Guides no BC. Chegando lá, encontramos os outros companheiros de expedição de 2014 além do Paul: os ingleses Lucy Bulks e Daniel Wallace; e o nosso capitão, o escocês Henry Todd. Também conheci novos companheiros que completaram o time: o irlandês Kevin Heynes, o francês Bruno Dupety, a inglesa Melanie Windridge, a alemã Susanne Zantop, e o guia de montanha e escritor britânico Victor Saunders. Fomos os últimos a chegar. Tudo no ponto. Máquinas posicionadas no grid de largada. O jogo estava pronto para começar. Bússola apontada para a face sul do Everest.

ENFIM, EVEREST

Entre sonhos e realidade, o montanhismo faz parte de quem eu me tornei. Às vezes me perguntam por que não faço só isso da vida. A minha resposta é clara: não teria constituído uma família. Eu falo para a Dani que a minha sorte foi que tivemos filhos antes de eu ir para o Himalaia. Senão haveria grandes chances de eu ter ficado por lá. Como dizia Anatoli Boukreev: "Montanhas não são estádios onde satisfaço as minhas ambições de conquista, são catedrais onde pratico a minha religião." Para quem gosta da vida na montanha, lá é o melhor lugar do planeta. Conheço pessoas que fizeram isso, mas tiveram que, invariavelmente, colocar o montanhismo à frente das relações pessoais e profissionais, e isso pode acabar deixando cicatrizes. Decidi buscar a plenitude, o equilíbrio entre família, sonhos, trabalho, impacto socioambiental e expedições.

Eu tenho quatro grandes propósitos na vida. O primeiro é ser um bom pai. O segundo, meu lado espiritual, minha conexão com o universo por meio do esporte, o grandioso "The Ultimate Explorer's Grand Slam" versão Romancini: escalar as 14 montanhas acima dos 8.000 m, alcançar três polos (norte, sul e altitude), os sete cumes na versão invernal e, agora, fazer ultramaratonas aquáticas nos sete oceanos. Ninguém jamais fez isso tudo. O terceiro, minha persona profissional, ter a oportunidade de comandar uma empresa global, ocupando uma cadeira no conselho, com o propósito de transformar o mundo corporativo. O quarto, meu lado cidadão, é adicionar algum tipo de valor à humanidade, impactar o máximo de pessoas possível, deixando algum legado.

O Acampamento Base do Everest me remete à praia de Copacabana às avessas. Uma extensa e comprida faixa com barraquinhas saltando sobre o ambiente pálido do glaciar. Em um ano normal, cerca de mil pessoas habitam aquele espaço, entre alpinistas, guias, sherpas, carregadores, cozinheiros, turistas e outros tipos de profissionais. Isso sem falar nas dezenas de caminhantes que visitam o lugar diariamente. São centenas de pontinhos amarelos e azuis sobre o mar congelado coberto de cascalho. Ali as barracas são montadas sobre o glaciar, que se move lentamente todos os dias. É possível ouvir o estalar do glaciar se movimentando. O que obriga uma manutenção periódica na montagem das tendas que vão se retorcendo com o passar dos dias.

Ao cair da tarde arrumei minha barraca, a minha casa pelos próximos meses. Organizei todos os equipamentos numa lógica que fizesse sentido para facilitar a montagem da mochila para cada ciclo de aclimatação. E, principalmente, de forma que o espaço de dois metros quadrados por um de altura fosse aconchegante e acolhedor. Cuidar desses pequenos detalhes faz toda a diferença. Pois, ao longo do tempo, tudo vai se minando e qualquer percalço, por menor que seja, pode vir a impactar o sucesso de uma expedição. A minha primeira noite já não foi muito boa. Fui acordado por um som amedrontador de trovão seguido pelo barulho de onda do mar. Era o som de uma avalanche. Não consegui mais dormir direito. A cada meia hora, uma avalanche despencava de algum lugar. Ao mesmo tempo que eu lutava para adormecer, tentava adivinhar de onde é que elas vinham.

"Esta veio do Pumori. Agora do Nuptse. Esta com certeza foi na cascata", imaginava. E assim passei a madrugada. A cada estrondo… um susto. E quanto mais alto, mais medo dava de ter afetado alguém.

Logo no segundo dia, Henry e a equipe de sherpas organizaram algumas escadas de alumínio — as mesmas que são usadas para atravessar as gretas — para que a gente pudesse simular essas travessias a um palmo do chão em ambiente 100% controlado antes de arriscarmos as nossas vidas. O objetivo principal é mecanizar, coordenar e automatizar os movimentos de equilíbrio para balancear nosso peso enquanto pisamos sobre os degraus e usamos as cordas como corrimão de apoio.

O treinamento é uma forma de o nosso cérebro assimilar o movimento para a gente poder se sentir o mais à vontade e confiante possível na hora de atravessar as fatais gretas e superar a situação simplesmente aterrorizante. Uma vez que se aprende o jeito certo de pisar, sem colocar peso no eixo central do *crampon* e sim nas garras das extremidades, o caminhar flui bem melhor. Tentei abstrair a altura e focar apenas em onde pisava e no meu equilíbrio. Me adaptei sem grandes dificuldades ao movimento e me senti pronto. Passada a simulação, eu sabia que, com a pressão psicológica pelo risco iminente, a instabilidade do terreno e os históricos de acidentes… o jogo seria outro. Para as pequenas fendas, basta uma escada, que mede cerca de dois metros. Para as gretas mais largas, amarram-se umas às outras formando uma grande ponte de escadas emendadas por cordas, uma situação terrivelmente assustadora.

A temida cascata de Khumbu é o trecho mais perigoso de toda a escalada do Everest. É uma espécie de cachoeira de Foz do Iguaçu congelada com a altura da Pedra da Gávea, entre 5.350 m e 6.100 m, viva e em constante movimento. Em uma expedição normal, passa-se de seis a dez vezes por ela durante os ciclos de aclimatação. A quantidade varia de acordo com a estratégia do líder. Para minimizar a exposição aos riscos, ainda com a vívida lembrança da avalanche de 2014, a nossa expedição tinha como planejamento passar no máximo seis vezes pela cascata.

O clima no Acampamento Base do Everest estava irreconhecível se comparado ao que eu tinha experimentado na última vez. As pessoas estavam

9

UM DIVISOR DE ÁGUAS

CRUCE DE LOS ANDES: ULTRAMARATONA DE CORRIDA ENTRE ARGENTINA E CHILE COM O PARCEIRO CLAYTON CONSERVANI (2015)

LINHA DE CHEGADA APÓS TRÊS DIAS DE PROVA

10
DE FRENTE PARA O SONHO E O MEDO

MEMORIAL E CAMPO BASE DO EVEREST DURANTE EXPEDIÇÃO DE 2014

HORA DO BANHO NO ACAMPAMENTO BASE DO EVEREST A 5.350 M

RESGATE DAS VÍTIMAS DA AVALANCHE FATAL EM 2014, NA CASCATA DE GELO DE KHUMBU

11
A SAGA DOS CUMES INVERNAIS

ELBRUS NO INVERNO DE 2016, NA RÚSSIA
ABAIXO, PAREDE DE BLUE ICE DO MONTE ELBRUS

ROMAN, BERNARDO E YURI NO CUME DO MONTE ELBRUS (5.642 M)
ABAIXO, VOLTA DO CUME DO ELBRUS APÓS PRIMEIRA ASCENSÃO INVERNAL BRASILEIRA

PUNCAK JAYA NO INVERNO DE 2017, NA ILHA DE NOVA GUINÉ. ABAIXO, ESCALADA AO CUME DO PUNCAK JAYA

ESCALADA E CUME DO PUNCAK JAYA COM O PARCEIRO BERNARDO FONSECA

12
OS ÚLTIMOS PASSOS DO SONHO

BASTIDORES DA PRODUÇÃO E FILMAGENS DO DOCUMENTÁRIO "ALÉM DOS SONHOS", DIRIGIDO POR RAFAEL DUARTE

13
ENFIM, EVEREST

ROMAN A CAMINHO DO CAMPO BASE DO EVEREST (NA EXPEDIÇÃO DE 2018) COM SEU PARCEIRO PASANG DAWA SHERPA, O PADAWA

ACAMPAMENTO BASE COM CUME DO MONTE EVEREST (8.848 M) AO FUNDO (À ESQUERDA)

CARREGADORES TRANSPORTAM EQUIPAMENTOS E MANTIMENTOS NOS ARREDORES DO ACAMPAMENTO BASE DO EVEREST

ROMAN ROMANCINI EM SUA CHEGADA AO ACAMPAMENTO BASE DO EVEREST (2018)

ROMAN ROMANCINI COM O MONTE NUPTSE AO FUNDO

sorridentes, otimistas e confiantes na temporada. Afinal, depois das tragédias de 2014 (avalanche) e 2015 (terremoto), se passaram três anos. Os líderes das expedições conversavam entre si e a conclusão do cruzamento das previsões do tempo de todas as diferentes fontes apontavam para uma temporada excelente com uma larga e promissora janela de cume. E isso era o que estava contagiando positivamente todos os alpinistas. Que sensação de alívio ter chegado a tempo do Puja da nossa equipe, um momento lindo para pedir aos deuses que habitam as montanhas a permissão para a nossa passagem segura por ela. Um forte e intrigante teor místico e espiritual.

Todo mundo ajudava. Os sherpas e o lama comandavam a cerimônia e orquestravam os trabalhos. Ergueram um mastro sobre o altar que serviu como poste para as "bandeiras de oração" se esticarem para todos os lados. A cena era de cinema com aqueles panos multicoloridos flamulando com o Nuptse, o Lhotse, a cascata de Khumbu e o West Shoulder do Everest ao fundo. Quando os tambores tocaram e os mantras foram entoados em coro, fiquei arrepiado. Pedimos permissão para entrar no solo de Sagarmatha, como os nepaleses chamam a montanha mais alta do mundo. Foi quando a ficha caiu. Estava tudo conspirando para dar certo a nosso favor. Em minha mente, não havia a possibilidade de fracassar daquela vez, apesar de saber que tudo poderia acontecer. Fora o trato que eu tinha feito com os meus filhos, com a Dani e até com o Rafa. Voltar para casa era mais que uma obrigação. Era um compromisso comigo mesmo e meu único objetivo. O cume seria apenas a metade do caminho, como havia aprendido no Denali.

Conversei com Henry e ele elogiou os trabalhos feitos até então na cascata de gelo pela equipe de sherpas que abrem a rota, conhecidos como *icefall doctors*. O comentário era que a rota naquele 2018 poderia ser a mais segura dos últimos 20 anos. Prognóstico melhor que esse não poderíamos ter. O caminho parecia estar bem pavimentado para a nossa subida. Faltava só alinhar com Henry a estratégia dos ciclos de aclimatação dos integrantes da expedição para começarmos a subir para os campos altos.

Na manhã seguinte, depois do café da manhã, Henry juntou toda a equipe na barraca-refeitório para passar as instruções sobre o planejamento dos nossos ciclos. Quando, de repente, por volta das 10h40, um estrondo diferente assustou todo mundo. Saímos da barraca para olhar o que havia acontecido e inicialmente não vimos nada. Olhamos para os lados e vimos que as pessoas das expedições vizinhas faziam o mesmo movimento. Foi quando avistamos uma grande nuvem de fumaça branca crescendo abaixo do serac e se revelando na lateral esquerda da cascata de Khumbu. Era uma avalanche no mesmo ponto da que tinha ocorrido em 2014. O clima ficou tenso. Começamos a ouvir as conversas em nepalês por todos os lados e pelos rádios. Não dava para entender absolutamente nada além do nervosismo de quem buscava informações sobre possíveis vítimas. Até que, alguns longos minutos depois, veio a confirmação de um sherpa que estava perto e testemunhou a avalanche: não havia ninguém passando no local na hora. Tinha sido, na verdade, mais um susto. Dos grandes, daqueles que trazem à tona memórias traumáticas.

Passamos aquele dia inteiro tentando superar o assombro. Principalmente porque a gente vinha se preparando para partir naquela madrugada. Foco então na parte prática, pois o plano estava mantido. Depois do jantar fiz a última revisão dos equipamentos para ter certeza de que não estava esquecendo nada. Fizemos um checklist, afinal, a escolha certa dos equipamentos é crucial. Eu estava calmo, comendo bem e com o intestino funcionando normalmente. A aclimatação transcorria superbem. A meta era levar o mínimo de tudo que fosse preciso. Cada objeto que entrava na mochila precisava ter uma razão muito especial para estar lá que justificasse seu peso. Como se cada item tivesse que cumprir sua missão na minha escalada. Função essa que está diretamente relacionada, na maior parte das vezes, à segurança ou à sobrevivência. Até mesmo uma singela pilha extra ou uma... cueca.

Às 2h encontrei Kevin e Padawa para tomar um café com torradas e mingau com o intuito de partirmos bem alimentados. O plano era sair às 2h30 para chegar ao Campo 1 (6.100 m) por volta das 10h, passar duas noites, seguir para o Campo 2 (6.400 m), ficar mais uma noite e voltar direto para o BC. Na saída do acampamento, Padawa fez uma fogueira no altar onde fizemos o Puja e sussurrou algumas palavras. Estava pedindo proteção para a nossa jornada.

Demos então início de fato à escalada do Everest naquela madrugada. Quando dei os primeiros passos na cascata, senti a emoção de cruzar uma linha imaginária que eu não tinha conseguido alcançar em 2014. Olhei para cima e vi uma linha de *headlamps* (lanternas de cabeça) brilhando como uma fila de vaga-lumes. Agora é que eu finalmente colocaria em prática todo o aprendizado e o preparo como montanhista. Não de um ano ou dois. Mas de uma vida inteira. Confesso que naquele ponto a minha tranquilidade já tinha dado lugar a um sentimento forte de tensão. Meu coração palpitava a mil. Já estava há 12 dias longe de casa para só então começar. Difícil esquecer que na noite anterior aquela cascata de gelo parecia não parar de desmoronar.

Naquela noite cruzamos várias gretas. Aquelas com apenas uma escada eram relativamente mais estáveis — a escuridão da noite ajudava. Porém, as maiores, com até quatro emendas, eram simplesmente assustadoras. Pendulávamos em escadas sobre abismos infinitos. Apesar de saber que as nossas ancoragens, em teoria, são preparadas para suportar muito mais que o peso de um homem, a instabilidade gerava uma inevitável sensação de insegurança. Atravessar a cascata é a coisa mais amedrontadora de toda a expedição. É o pesadelo de qualquer alpinista. Basta um passo errado... e você cai no vazio escuro. Se por um lado você tem de olhar para baixo para não cair em fendas, por outro precisa ficar atento para que um prédio de gelo não desmorone sobre a sua cabeça a qualquer momento.

De repente, notei que Padawa apertou o passo. Mais adiante, olhou para trás e disse:

— Roman, anda logo! Não é seguro aqui.

Só quando acelerei para alcançá-lo foi que percebi aqueles embolados de gelo no caminho como se fossem escombros. Estávamos passando abaixo do serac no ponto onde a avalanche de 2014 tinha caído e o mesmo ponto que naquele mesmo dia havia desmoronado mais um montante de massa congelada. A minha primeira travessia foi medonha, muito aterrorizante, mas linda. Essa dicotomia entre a beleza e o medo é o que fascina na escalada do Everest.

Conforme o sol foi subindo, começamos a notar o comportamento dos demais grupos que faziam a escalada perto de nós. Foi quando percebemos que havia pessoas sendo puxadas por seus guias montanha acima na técnica conhecida como "corda curta" — normalmente usada para resgates ou emergências, não para levar turistas ao cume da montanha mais alta do mundo. Uma irresponsabilidade tanto do guia quanto do cliente, que estavam se colocando naquela situação. Isso não é escalada. Isso não é montanhismo. Pessoas que precisam ser puxadas para cima do Everest não deveriam estar ali. Pelo simples fato de ainda não estarem preparadas o suficiente para enfrentar o desafio, colocando vidas, suas e de outros, em risco.

A sensação de alcançar o topo da cascata de gelo de Khumbu é de vitória e alívio, como se fosse o cume de uma montanha, por tudo que ela representa e pelo risco que oferece. Algo como "ufa, sobrevivi". A quantidade de massa que caiu e que normalmente cai é impressionante. E por ser subida, é difícil acelerar muito mais do que eu tentei. Deu para ver a mudança de comportamento na velocidade dos demais alpinistas. Em especial os que descem. Alguns sherpas chegavam a correr no trecho.

Chegamos ao Campo 1 com um dia lindo. Dava para ver claramente a verticalidade da parede do Lhotse e a face sul do Everest. No caminho, a paisagem das gretas era estonteante e formava ondas abissais. Me senti com sorte por ter a oportunidade de viver aquele momento. Quando entrei na minha barraca para descansar um pouco, fazia uns 45ºC lá dentro, uma estufa. As pessoas muitas vezes não acreditam, mas o calor que se enfrenta entre os Campos 1 e 2 é absurdo. O famoso vale do silêncio. Abri ambas as portas da barraca para o vento circular, pois eu precisava, pelo menos, aproveitar a sombra. Do lado de fora, não tinha como ficar sob aquele sol. O reflexo na neve naquele horário era tão avassalador que queimava as narinas e o céu da boca. Não me lembro se foi ali que começou, mas uma crise de tosse seca passou a me incomodar bastante.

No segundo dia do ciclo, escutamos um estrondo alarmante vindo da cascata logo abaixo de nós. Um ruído grave, prolongado e diferente de tudo que havíamos escutado até então. Olhamos para baixo e nenhum sinal de fumaça. Não era, portanto, uma avalanche. Mistério no ar.

A noite no Campo 1 foi mais tranquila e meu corpo se adaptava bem ao ousado processo de aclimatação. Na madrugada seguinte, partimos em

ENFIM, EVEREST

direção ao Campo 2, numa travessia difícil e desgastante, onde os fantasmas das histórias de quedas me assombravam.

É um percurso em que é preciso vencer paredes enormes de gelo. Antes de chegarmos à primeira, pegamos uma ventania bem forte que fez a sensação térmica despencar na hora, forçando-nos a colocar todas as camadas de roupa que tínhamos tirado horas antes. Padawa estava todo entusiasmado com a câmera pendurada ao pescoço documentando a nossa escalada. Como ele conhecia aquele ambiente como a palma da mão, não existia operador de câmera que se sentisse mais confortável e com melhor capacidade pulmonar que ele para ir de um ponto a outro em segundos em busca do melhor ângulo.

Escadas emendadas auxiliaram nos trechos mais críticos. Subir por elas pode até parecer não ser a melhor opção, mas é a mais segura. Paredes de gelo vítreo do tamanho de um prédio de quatro andares dificultavam a ascensão. A mais complicada juntava seis delas. Parecia um brinquedo num ambiente tão selvagem. A subida das escadas não deixa de ser técnica. Outros grandes perigos do trecho, na minha opinião, são os que a gente não consegue ver. E esse trajeto é repleto de gretas profundas diariamente cobertas por neve. Em razão da ventania que remexia a neve de todo o terreno, sabia-se que alguma fenda poderia ter sido escondida momentos antes. Eu venho de uma escola relativamente conservadora em que a gente sempre busca estar encordoado para atravessar glaciares. Mas ali ninguém estava. Os sherpas estão em outro nível. Descem e sobem aquela cascata como se estivessem em casa. Muitas vezes, aos nossos olhos ocidentais, de forma que pode parecer displicente, quase um improviso. O erro é de quem não tem a mesma técnica e quer imitar. Vi caras atravessando, aos pulos, pontes frágeis. Uma loucura. Pensei muito sobre como algumas pessoas subestimam os perigos iminentes da escalada. E sobre outras que superestimam suas habilidades. E em algumas situações, as duas coisas ao mesmo tempo. É aí que o risco vai lá em cima.

Olhava à minha esquerda, via aquela parede preta da face sul e imaginava Hillary e Tenzing na primeira ascensão ao Everest em 29 de maio de 1953. Em um tempo que não havia informações de referência preestabelecidas, sem cordas fixadas, com equipamentos rudimentares e o espírito desbravador para enfrentar aquele ambiente selvagem pela primeira vez. Fantástico pensar no feito deles. Qualquer ladeirinha já me deixava sem ar. Meu corpo sentia bastante a mudança de altitude. Nevava e ventava demais. Àquela altitude, eu talvez estivesse apenas com a metade da minha capacidade pulmonar. Cheguei lentamente ao Campo 2, completamente exausto e desidratado.

A cada cinco passos, cinco respiradas parado. Superando a aflição, atravessei gretas gigantes. Os treinos valeram a pena e fizeram grande diferença. Para variar, congelei as mãos atravessando as paredes verticais. Eu só queria comer e capotar. Para minha sorte, o Campo 2 é considerado uma espécie de acampamento base avançado. Pois tem barraca-refeitório e banheiro, um extremo conforto e segurança. De repente, ouço um helicóptero de resgate baixar sobre a cascata e sumir no horizonte. Foi quando descobrimos que aquele estrondo havia sido um grande colapso na cascata, afundando uma área bem grande de um ponto por onde tínhamos passado horas antes naquela manhã. O colapso atingiu dois sherpas. Um deles havia fraturado a coluna. A roleta-russa do Khumbu fazia novas vítimas.

Na manhã seguinte, já parcialmente recuperado da grande esticada do dia anterior, consegui comer bem para enfrentar o treino do dia. A meta era bater na parede do Lhotse (6.750 m) e voltar. Três horas de caminhada para ir e mais 2h30 para voltar. Padawa, Kevin e eu chegamos com sucesso à muralha e por um instante pensamos em subir um pouco mais para dar uma esticadinha no treino. Mas desistimos pelo mau tempo que estava chegando. Queríamos evitar um *whiteout** na descida porque a previsão era de fechar completamente nas próximas horas. Voltamos para a barraca depois de quase seis horas de treinamento. Eu estava faminto. Exausto. Ao chegar à minha barraca, uma desagradável surpresa: eu tinha deixado aberta uma pequena fresta e com os ventos o interior e os meus pertences ficaram repletos de neve. Fiquei muito irritado com a minha falha e falta de atenção. Mas poderia ser também resultado de uma leve hipóxia. Nada grave. Era só monitorar os sinais do meu corpo.

---

* Névoa polar ou de altitude que reduz a visibilidade, que pode chegar perto de zero.

O quinto dia do primeiro ciclo já era o da descida para o Acampamento Base. Em teoria, o mais fácil deles. Porém, o mais perigoso. Meu corpo estava bem desgastado e a minha atenção precisava estar redobrada na desescalada, já que é quando normalmente relaxamos mais por acharmos que estamos com maior controle da situação. Uma armadilha psicológica. À luz do dia, deu para ver com clareza os pedaços de fragmentos de serac espalhados na cascata que caíram nos últimos dias. Eram blocos de gelo do tamanho de um carro, amontoados como se fossem escombros, uns sobre os outros.

A parte média da cascata é sem dúvida a mais bonita, onde a gente atravessa trechos de gretas por dentro, caminhando naquele labirinto de gelo azul milenar. Ao passar pela área colapsada, notamos uma grande diferença no caminho. Novas gretas surgiram e novas escadas já tinham sido escaladas pela equipe de sherpas que cuidam dessa estrutura. Atravessar a cascata em plena luz do dia é ainda mais assustador. Foi preciso me esforçar o tempo inteiro de forma racional para manter a concentração e evitar acidentes bobos por falha humana. E as escadas? Descer é muito mais difícil. Ainda mais com *crampons*.

De volta ao BC me senti firme e seguro com o meu desempenho, apesar das dificuldades pelas quais tinha passado. Conhecer aqueles ambientes que nos meus mais de 20 anos de escalada eu só conhecia através de fotos ou vídeos e, de repente, estar ali lidando com tudo aquilo que eu me preparei tanto para fazer foi gratificante. Fiquei particularmente confiante por ter observado o comportamento do meu corpo se adaptando bem à altitude. Foi uma pequena vitória da nossa estratégia e da minha performance pessoal.

Ao conversar com colegas de outras equipes, descobri que eles estavam usando uma outra estratégia bem diferente da minha, pensada pelo Henry. Eles estavam subindo e descendo do Campo 1, atravessando a cascata e voltando antes de avançar para o 2, e assim por diante. Ou seja, atravessando a parte mais perigosa da escalada do Everest várias vezes. Eu não gosto dessa estratégia por colocar a equipe em um risco muito alto para um suposto benefício de aclimatar lentamente e de forma crescente. Afinal, a altitude deteriora. E a cascata é imprevisível. Seguindo a estratégia do Henry, em geral são três ou quatro ciclos. Como fui bem nesse e fiquei mais que o normal em altitude, eu deveria fazer apenas dois. A atividade na altitude, em vez de deixar mais forte, faz o corpo definhar. Ficando mais fraco, mais magro, mais cansado e debilitado. Além disso, cada corpo se comporta de uma maneira e cada um padece com coisas diferentes. No meu caso, era a tosse, que estava me incomodando bastante. A aclimatação é um processo muito individual e o critério mais importante é o autoconhecimento. Saber ler e respeitar o próprio corpo é a maior habilidade de um montanhista.

Foi um primeiro ciclo sofrido e de muitas emoções. Sofri bastante. À noite, tive muitos sonhos. Difícil estar longe da família. Falar com eles me dá um ânimo enorme e já fazia alguns dias que eu não ouvia a voz dos meus amores. Pelo rádio, Padawa dava notícias para o Henry, que passava para o Rafa, que passava para a Dani. O que mantinha todos em casa mais tranquilos. Além disso, eu também estava usando um rastreador de movimento Spot, equipamento pelo qual também podia solicitar resgate em caso de emergência. A solidão bateu e meu corpo estava moído. Tudo doía, dos pés ao pescoço. Uma sessão de fisioterapia cairia muito bem. Às vezes, em expedições, a gente sente que o coração fica para trás. Mas para escalar aquela montanha é preciso que cabeça e coração estejam juntos e atuem em sinergia. Para isso muitas vezes eu precisei ser pragmático e lembrar por que havia tomado aquelas decisões. Lembrei que estava ali por um propósito meu, escolha minha, e o plano era seguir o plano. Com a cabeça e o coração nos lugares certos.

Finalmente, depois de alguns dias, consegui ligar para casa. Perguntei para o Vitor se ele estava cuidando bem das nossas mulheres. A Giulia me contou que estava aprendendo a dirigir. Avisei que quando chegasse ensinaria. Incomodou não ser eu a estar lá para ensinar isso a ela. Já a Dani estava na pressão: além de cuidar da casa e das crianças, dava assistência ao meu pai, que fazia acompanhamento médico no Rio. Senti que ela estava segurando uma barra e tanto. Falei com meu pai; ele me pareceu relativamente bem, o que foi confortante. Quando voltasse, a minha prioridade seria ajudar a organizar tudo. Até lá, continuaria escutando na barraca músicas da playlist que Giulia tinha feito para eu ouvir e me lembrar deles quando estivesse me sentindo sozinho.

O Acampamento Base é um ambiente lindo demais. Uma das coisas que eu mais gostava de fazer nos dias de descanso antes de partir para o segundo ciclo de aclimatação era ficar tomando sol, conversando com as pessoas da equipe, bebendo chá com leite e admirando aquelas montanhas gigantescas por trás das bandeirinhas coloridas que balançavam ao vento. Depois de alguns dias me recuperando, partimos novamente para a cascata. Antes de sair do acampamento, Rafa me perguntou se eu estava mais tranquilo. Nunca é tranquilo. Quem falar que é está escondendo o jogo. Afinal de contas, ainda teria de passar por aquela cascata mais quatro vezes nessa expedição.

A segunda vez eu subi um pouco mais confiante por saber melhor o que tinha de fazer. Sabia como me comportar, como fazer as manobras técnicas e tinha uma melhor noção do tempo do percurso e como meu corpo iria reagir. Se por um lado a minha capacidade pulmonar já estivesse bem melhor, resultado de uma aclimatação em constante evolução, por outro a parte física sentia o peso do acúmulo de esforço. Dessa vez eu cheguei completamente desidratado ao Campo 1. Fiz uma má gestão do consumo de água no caminho. Implorei por líquido ao primeiro parceiro de equipe que encontrei. Estava fraco, sem conseguir pensar direito. Foi um dia atípico para mim. Cansado no caminho, senti uma espécie de formigamento com perda de força no braço esquerdo. De início, eu pensei que fosse alguma compressão por causa da mochila. Quando vi que não era, logo comecei a pensar besteira. Ter um infarto a mais de seis mil metros tinha tudo para ser um incidente fatal. Naquele momento, fiquei com muito medo e preocupado. Isso mexeu com a minha cabeça e me senti fraco. Fiz uma pausa para realizar uma sessão de alongamentos e meditar. Fiz manobras que o Alessandro tinha me ensinado e passou. Foi só um susto. Tocamos forte para o Campo 2. Ao chegar, virei um litro de água de uma vez só. Minutos depois, consegui fazer o primeiro xixi depois de 24 horas.

No dia seguinte, o Paul se juntou a nós e fomos até a parede do Lhotse, agora com a missão de subir um pouquinho mais — ir alto e dormir baixo.

Me sentei um pouco para me recompor e observei que meus companheiros também estavam tossindo muito. Mas a minha tosse estava ainda pior. Naquela altitude a tendência é de tudo no corpo piorar, e não de melhorar. Por isso que chamam de *zona da morte*. São altitudes em que o corpo não funciona direito. Isso me preocupava, pois eu sabia que teria de estar na minha melhor forma possível para o ataque ao cume no próximo e último ciclo. E não sabia como iria lidar com uma crise de tosse e uma máscara de oxigênio ao mesmo tempo. Fora os efeitos disso na parte psicológica. Paul, com seu típico bom humor no melhor estilo francês, nos motivava e fazia piadas com Kevin a toda hora para amenizar o clima de dificuldade que estávamos enfrentando. Kevin, apesar de ser o mais velho entre nós, era o que parecia ser o mais forte. Quando cheguei aos 7.200 m do Campo 3, me dei conta que aquela era a maior altitude que eu já tinha alcançado na vida. Antes disso, o ponto mais alto tinha sido o cume do Aconcágua, fazia 14 anos.

Notei que errei na estratégia de camadas. Faltou uma e passei frio. Que lugar lindo. Dava para ver o Campo 2 e o Campo 1. E, ao fundo, o Pumori, cujo cume, Padawa alertou, estava mais ou menos na nossa altura. Vencer a parede do Lhotse é um marco para qualquer alpinista. É uma subida duríssima e tem o *blue ice*, que dificulta muito. É quase um quilômetro de ascensão em corda fixa usando jumar (ascensor). Padawa me viu ofegante e perguntou se eu estava OK. Vi que estava filmando e aproveitei para falar a primeira coisa que me veio à cabeça "não tem ar aqui". Um passo e duas respirações profundas. Ele responde: "Everestcito." Uma intimidade com uma dose de ironia quase infame. As escaladas técnicas são as que eu mais gosto. Me sinto mais vivo. Me lembro das minhas origens na escalada em rocha.

Foi um dia superexaustivo de 10 horas de escalada com cerca de 800 m de elevação. De volta ao Campo 2, me senti feliz e tecnicamente pronto para o cume. Um pensamento de certa forma arrogante, pois ainda havia toda a parte da zona da morte, a aresta e o escalão Hillary, trechos difíceis e perigosos. Hora de voltar para o BC, descansar alguns dias e aguardar a nova janela de bom tempo se abrir. Até lá as cordas fixas já teriam sido montadas até o cume e tudo estaria pronto. Paul, que já estava lá no acampamento havia alguns dias, resolveu descer. Kevin o acompanhou. Eu fiquei mais uma noite para o meu corpo se aclimatar melhor ainda, pois todos haviam feito três ciclos de aclimatação e eu apenas dois. No meu último dia lá, sem meus companheiros, me senti um pioneiro. Sozinho, sem comunicação e sem nenhum treino a fazer, fui tomado pelo tédio. E pela saudade. A 6.400 m, sentia meu corpo definhando. A sensação era que eu estava morrendo aos pouquinhos. Descer para o BC iria me dar mais vida. E energia. Já sabia onde tinha de acelerar, onde frear. Já sabia onde poderia ousar. Estava com o território mapeado mentalmente até o Campo 3. E a realização de meu sonho, cada vez mais próxima. Me senti mais debilitado do que quando tinha acordado. Coloquei protetores auriculares para não escutar o barulho das avalanches. Com zero dor de cabeça, não precisei tomar nenhum remédio.

O lado mais confortante foi poder contar com o apoio dos cozinheiros da equipe, que são integrantes fundamentais da expedição. São eles os responsáveis por garantir a energia do time, seja a condição climática que for. É um conforto a mais em comparação com outras expedições autossuficientes que já fiz, como as do Denali e Aconcágua invernal, onde nós mesmos levamos os mantimentos e cozinhamos durante a expedição.

Na manhã seguinte, acordei cedo para descer a cascata de gelo de Khumbu, seria minha quarta passagem por essa paisagem grotesca, bizarra e intrigante, a segunda vez à luz do dia. Foi cansativo, assustador. Lindo, mas protocolar. Eu só pensava em chegar logo à minha barraca no BC, lugar acolhedor que me deu um grande alívio quando o alcancei, completamente exausto, me sentindo um caco. Na manhã seguinte, para a minha surpresa, a tosse tinha ido embora. Concluir o Ciclo 2 foi um acontecimento fenomenal para mim. Agora era apenas descansar, esperar, hidratar, comer, respirar, comer, respirar, comer e respirar.

Confesso que os hiatos no BC entre os períodos de escalada são entediantes. Por mais que se tente absolutamente de tudo, o tempo na montanha passa muito devagar. Foi quando o Henry avisou que não tinha previsão alguma se conseguiríamos fazer o ciclo de ataque ao cume naquela semana por conta do mau tempo. E que, nesse cenário, uma boa opção para mim seria aproveitar estes dias para descer ainda mais e passar uns dias na vila de Pangboche, por volta de 3.900 m. Ufa! Civilização!

Um abrigo quentinho, com banho quente, cama, comida e bastante gente. Segundo ele, me daria uma injeção de energia. Só de pensar em um banho quente, já me enchi de energia. O chamado *Pangboche boost*. O que o Victor chama de *active rest* (descanso ativo). Uma oportunidade para fazer o sangue circular em condições menos degradantes, comer bem, dormir melhor e num ambiente menos extremo. Após a euforia inicial, hesitei. Confesso que fiquei com preguiça de descer tudo para ter de subir novamente em poucos dias. Seriam quatro dias de caminhada, mais de 1.000 m de desnível. Que preguiça. Mas fui convencido e desci com o Rafa para encontrar alguns dos integrantes da equipe que já estavam lá.

Henry e Victor sabiam o que estavam fazendo e eu tinha confiança total neles. Pensando friamente, não fazia sentido ficar imóvel no BC tanto tempo. Fora que minha comunicação com a família melhoraria com a nossa descida. Começamos então, eu e Rafa, uma caminhada tranquila, curtindo a paisagem. No caminho, paramos em Pheriche e fiz questão de visitar o memorial do Everest, um monumento em homenagem aos falecidos que escalaram a montanha de 1922 a 2017. As vítimas de 2018 entrariam apenas no início do ano seguinte. E eu sabia que encontraria o nome do meu querido amigo. Lá estava: Vitor Negrete, 19 de maio de 2006. Fiquei muito emocionado, pois era para estarmos juntos naquela montanha. A primeira vez que a gente falou em escalar o Ama Dablam tinha sido ideia dele. Eu me lembro, como se fosse hoje, de como ele me convenceu.

— Roman, tem uma montanha lá no Himalaia, lá no vale do Khumbu, que é alucinante, imponente, muito mais bonita que o Everest.

Dois anos depois de seu falecimento, em 2008, eu realizei esse nosso sonho. E pensei: "Vamos lá, Vitão, me ajuda nessa aí." A maior lição que aprendi com ele foi simplificar os problemas. Inevitável pensar que o nome de qualquer um ali poderia estar naquela placa também. A expedição ao Denali me ensinou qual é realmente o objetivo de uma expedição: regressar com sucesso! O topo é apenas metade do caminho, uma meta parcial, que em última instância é opcional, e a opção é minha! Por mais paradoxal que pareça, desde o Denali, saio de casa com um único objetivo em mente: voltar para casa! Foi quando realinhei as minhas noções de limite e ressignifiquei a minha definição de sucesso no montanhismo.

Talvez por estar meio abalado com a visita ao memorial, descendo de Pheriche para Pangboche, quase na chegada do vilarejo, por um segundo de desatenção, pisei em falso num buraco e torci o pé. Não podia acreditar! A impressão que me deu na hora foi que cada ossinho do meu pé estalou. Preocupado, sentei-me numa pedra e tirei o tênis para dar uma olhada no tornozelo. Eu tinha chegado a pensar nisso. Descer seria um risco? Vale a pena? Tive um milhão de chances de torcer o pé em partes bem mais difíceis na direção do cume e fui me lesionar justo descendo para uma vila para descansar?! Me deu muita raiva. Eu estava consternado! Que descuido! Um pé torcido dias antes de começar o ataque ao cume, a dois dias de caminhada para o BC? Inacreditável. Desci os metros finais até o abrigo sem apoiar direito o pé no chão. "Será que essa besteira me impediria de escalar?", eu pensava.

Chegando a Pangboche, fiz uma leve massagem no pé e vi que tinha torcido, mas não era nada grave. Em condições normais, em alguns dias estaria bom. A bota tripla ajudaria a mantê-lo parcialmente imobilizado. Mas naquela altitude e com o meu organismo funcionando de forma diferente... Nesse estágio da expedição, é natural que surjam muitos medos. São inúmeras variáveis acontecendo simultaneamente. Fraqueza física, dores no corpo, receio de cometer erros, medo da corda estourar, do tempo fechar... Receio de chegar lá em cima e querer voltar, de ter frio excessivo nos pés e nas mãos, de sofrer uma pane emocional, enfim. Já havia uma legião de fantasmas me assombrando ao mesmo tempo, uma torção no pé não estava no meu radar.

O conforto veio ao falar com a Dani após dias: "Aproveita que está descendo e vem logo embora pra casa." Confesso que um lado meu até adoraria, mas eu estava numa cruzada de vida, um momento importante e aparentemente pronto para a reta final. Estava reflexivo, introspectivo, falava pouco. Embora estivesse há semanas na montanha e tivesse subido até o Campo 3, tudo aquilo parecia treino para o que viria a seguir; eu não tinha a menor ideia do que me esperava acima do C3. A temida parede do Lhotse, com fragmentos caindo, a Franja Amarela (Yellow Band) — famosa e mortal travessia —, o Esporão de Genebra e o tão temido C4, já na zona da morte. Isso tudo sem falar na escalada noturna até o cume, nessa mesma região, pela aresta desde a Balcony até o cume. Eu havia sonhado com aquele caminho muitas vezes. Li relatos, estudei fotos, horas e horas de mapas digitais. Cada pedaço daquele terreno estava em minha mente, sem eu nunca ter passado por lá.

Com tantos pontos de risco e tanta coisa para pensar, resolvi tratar do tornozelo como um contratempo, remediar com muitos e muitos gramas de analgésico e anti-inflamatório, e resolver o problema de fato só no Brasil. Eu sabia que essa decisão poderia agravar significativamente a lesão, porém, naquele momento, o foco era subir e descer aquela montanha em segurança, e um tornozelo torcido não iria me tirar do caminho. Precisava pensar em como iria me alimentar no ciclo de ataque. Pensava em uma boa estratégia para comer e beber na medida certa. Muita gente não come nada acima dos sete mil. Mas já me conheço o bastante: continuo com apetite e sentindo fome. Eu sei que aguento vinte ou trinta horas de atividade física, mas só se puder contar com certa ingestão de comida e bebida. A altitude afeta as pessoas de forma muito peculiar e individual. Se eu não me alimentar, meu corpo quebra.

Eu também precisava pensar sobre a estratégia do vestuário. Quantas camadas? Quais? O que levar de extra? Para cabeça, mãos, parte superior, inferior e pés. Cada parte do corpo é um quebra-cabeça logístico. Peso, conforto, volume, destreza, sensibilidade, propriedades térmicas… são algumas das variáveis na escolha das roupas para o ataque ao cume. A cabeça não parava de mudar de ideia. Montei e desmontei mentalmente o "armário do cume" algumas vezes. Quantas cuecas levar? Quantas meias extras?

Após dois dias de descanso, recebo um recado do Henry em Pangboche, pedindo para eu estar de volta ao BC no dia 8 de abril, descansar no dia 9 e iniciar o ciclo de ataque ao cume no dia 10. Descer tinha sido realmente revigorante. Por mais que tenham sido só alguns dias, mudei de opinião ao sentir no corpo, na alma e no coração a diferença. Quanta coisa eu perderia por preguiça! Uma boa lição aprendida. Dormir numa cama faz toda a diferença, assim como me sentar em uma privada, tomar banho quente num banheiro, ligar para a família sem pressa, respirar e consumir mais oxigênio por uns dias, recuperar pequenos ferimentos e voltar a ter lábios sem rachaduras. Incrível como não valorizamos nossos pequenos confortos no dia a dia. O ditado "só damos valor ao perder" nunca fez tanto sentido.

Na hora de partir de volta para o BC, os integrantes da equipe que lá estavam tiveram a ideia de ir de helicóptero para reservarem a energia da subida, o que poderia ser vital para a escalada de verdade. Achei que seria uma boa ideia para mim. Assim pouparia o meu tornozelo e evitaria um desgaste desnecessário. Então, voltamos para o nosso acampamento para aguardar a janela. Foi um movimento também emocionalmente positivo. Cheguei praticamente zerado de volta ao Acampamento Base do Everest, me sentindo em casa e forte fisicamente nos 5.350 m de altitude como se fosse meu hábitat. Não deixa de ser uma mamata do alpinismo moderno. Não me preocupo muito com essas questões. O importante para mim era deixar o tornozelo na classe de problemas remediados temporariamente e não o promover à classe de graves problemas que impedem a escalada.

Durante o voo, notei nuvens pesadas girando em torno do Everest. A ansiedade bateu de novo. Eu tinha a sensação de estar num grid de larga-da aguardando apenas o sinal verde para acelerar. Pensava em tudo que não poderia dar errado. Sabia que meu peso aumentaria em mais de 20 kg entre equipamentos, oxigênio e mochila. Não sei por que, mas naquele momento me lembrei do título de um livro de montanhismo: *Os conquistadores do inútil*, de Lionel Terray. Seria esse o meu caso? Estaria eu fadado a ser enquadrado nesse tipo de rótulo?

Na véspera do ciclo de ataque ao cume, Victor Saunders, o experiente guia de montanha, reuniu toda a equipe, incluindo a mim, para passar um briefing específico sobre o uso correto das máscaras de oxigênio. Ele apresentou um passo a passo detalhado, orientando sobre cada etapa, desde o medidor até a válvula, e testando com vários tipos de outros acessórios, como balaclava, lanternas de cabeça, capacete e afins. Foi uma iniciativa inteligente e providencial. Nunca se deve fazer algo pela primeira vez em condições extremas. Principalmente quando envolve condições de respiração e no lugar mais alto do mundo. Não era a primeira vez que eu testaria o aparato de O2, já o havia feito em 2010 no Shishapangma e em 2014 no BC do Everest. Todas não passaram de um pequeno teste, pois eu nunca cheguei a usar. Dessa vez, prometia, e tudo que eu não precisava era de uma falha de equipamento ou, pior, por mau uso.

Nesse ano, trazia a melhor viseira que se pode encontrar no mercado e ao colocar a máscara de oxigênio pela primeira vez junto com ela, notei o quão desconfortável aquilo era. Se já achava isso em condições controladas, imagina como seria em altitudes e condições hiperextremas? Para começar, o peso já assusta. Logo vi que não seria uma tarefa simples usá-la escalando, no frio, com vento, com os efeitos da altitude, o cansaço e tudo mais. Victor foi dando dicas de uso e principalmente alertando sobre pequenas ações do que não fazer. Afinal, o uso do oxigênio pode custar a sobrevivência de um alpinista. Temas simples como ajuste e conforto se tornam um pesadelo lá em cima.

Naquele momento, ele nos informou que os sherpas que nos acompanhariam eram treinados para regular o oxigênio de acordo com a necessidade, visando otimizá-lo na subida para não faltar na descida — quando acontecem mais acidentes fatais nas montanhas. Ele explicou que haveria momentos em que usaríamos um fluxo maior. Em situações em que fôssemos obrigados a parar por um tempo, como na Balcony, por exemplo, os sherpas estariam autorizados a diminuir um pouco o fluxo dos nossos oxigênios para economizar. Mas, se por acaso observassem que estávamos lentos além do esperado, aumentariam o fluxo. Isso com uma comunicação constante. Um xadrez interessante de priorizações e movimentos. Por um lado, o maior fluxo aumenta a velocidade de escalada, diminui o risco de congelamentos e edemas, por outro limita o tempo na zona da morte. Qual seria o fluxo ideal? Ideal para mim, naquelas condições meteorológicas, fisiológicas e psicoemocionais? Afinal, não há nada mais vital que oxigênio.

Conversamos longamente também sobre a estratégia de camadas de roupas. O que levar vestindo, o que iria na mochila e fora dela. Há mil formas de fazer isso. Não tem receita de bolo. Mas existe uma lógica já atestada pelos mais experientes. "Circulação é mais importante que isolamento", aconselhava Victor em relação ao frio nas mãos e nos pés. Para ele, o que garante o aquecimento das extremidades não é o número de camadas, mas sim o espaço para o ar isolar o exterior e para movimentar os membros. Era importante pensar nos casos de uso, por exemplo, para poder manipular o jumar; clipar e desclipar das cordas fixas. Fazia-se necessário um conjunto de luvas que protegessem as mãos do frio extremo e ao mesmo tempo não prejudicassem a destreza e a sensibilidade. Igualmente para os pés, meias mais grossas para o frio ou mais espaço para movimentar os dedos? Optei por menos camadas, uma palmilha elétrica e mais espaço para circulação nos dedos. Meus pés são sempre uma preocupação, depois dos congelamentos do Aconcágua invernal.

Falamos também sobre o quanto levar de água. Como e quando beber. Ele deu a dica de ingerir o máximo que pudesse antes de sair para estar bem hidratado e de não levar menos de um litro nem mais de dois. Testamos os cabos, os reguladores e as máscaras; montamos e desmontamos para pegar o máximo de intimidade com aqueles equipamentos que ajudariam a garantir a nossa sobrevivência acima dos 7.500 m.

Como escalar o Everest sem o uso de oxigênio suplementar nunca foi um objetivo meu, não tinha jeito, eu tinha de usar, gostando ou não. O desafio era usá-lo de uma forma que me incomodasse o menos possível e procurar me adaptar o mais rápido que pudesse. No fim do treinamento, checamos a previsão do tempo e, permanecendo como estava, teríamos a chance de fazer um belo dia de cume. Victor orientou que o ideal seria fazer o cume até às 8h. Feito dentro desse horário, se o Campo 4 (8.000 m), na volta, fosse alcançado antes do meio-dia, o recomendável seria descer até o Campo 2. Caso a gente voltasse para o Campo 4 depois das 12h, a orientação era ficar e dormir uma noite. O benefício dessa estratégia, segundo ele, seria, se a gente tivesse energia, pegar a parede do Lhotse em mão única na parte da tarde. Descendo pela manhã, pegaríamos o contrafluxo de quem estivesse fazendo a ascensão e ocupando as cordas. Victor foi categórico: "Façam isso só se estiverem se sentindo muito bem. E não se esqueçam, é obrigatório o uso de clipagem dupla a partir da parede do Lhotse até a volta à sua base." Com a grande procura pelo "santo graal" do montanhismo e os adventos da tecnologia de roupas e meteorologia, os congestionamentos se tornaram o maior risco na janela de bom tempo. Assim fechamos os preparativos para o ciclo de ataque ao cume que duraria uma semana com paradas estratégicas de recuperação.

Os dias que se seguiram foram muito intensos. Pura ansiedade, dúvidas e frustrações. Pela instabilidade do clima e incerteza da janela se abrir de forma consistente, Henry esperava o momento certo para nos passar a orientação sobre a data de nossa partida e a estratégia de ataque. Ficamos dois dias no BC sem grandes notícias, esperando que a rota fosse aberta até o cume. Começavam a surgir informações de congelamentos e resgates. Com todos da equipe prontos e em standby com os dois ciclos de aclimatação completos, fomos separados em dois grupos. Em um, ficamos eu, Dan, Lucy e Susanne. No outro, Kevin, Paul, Melanie e Bruno. Um iria antes e o segundo esperaria o primeiro retornar do cume para partir por questões logísticas. Enquanto eu esperava uma posição, mergulhava em pensamentos. Afinal de contas, foram mais de 30 anos sonhando em escalar aquela montanha e 20 de preparação técnica para culminar naquele momento.

Medos me acompanhavam constantemente, em um misto bipolar de pânico e euforia. A espera é enlouquecedora. Eu procurei ativar meu lado pragmático novamente, tentando focar na execução e suprimindo o emocional. Havia um lado de excitação e animação. Aquela sensação de "finalmente chegou a hora". Mas eu também estava com medo, apreensivo e nervoso. Não era para menos, estava indo para quase nove mil de altitude, com ventos fortes varrendo e avalanches pipocando para todo lado. Isso sempre pode dar merda. Repetia mentalmente todas as etapas, processos e situações na tentativa de automatizar todo e qualquer movimento. Viagens mentais montanha acima e abaixo eram meu passatempo. Pensava em todas as possíveis e imagináveis situações, planos B, C, D; repassava a lista de equipamentos, mantimentos e vestuário incontáveis vezes e refiz a mochila umas 15 vezes. Deus e o diabo moram nos detalhes, e esses detalhes eu podia ver, rever e revisar.

Foi nesse clima que Henry trouxe a notícia de que a rota do cume estava finalmente aberta e que meu grupo partiria naquela noite para o ciclo de ataque ao cume. Enfim! Aqueles 30 e poucos anos estavam sendo resumidos nos sete dias que viriam pela frente. Só racionalizar isso já me fez chorar. Meus nervos ainda estavam à flor da pele e meu pragmatismo claramente ainda não estava ativado. E isso acabava me fazendo pensar em tudo que poderia dar errado e como eu deveria reagir. A questão ali não era chegar ao cume. A minha preocupação naquele momento era sair vivo dali.

Eu consegui estabilizar minhas emoções quando me fiz acreditar que eu havia feito tudo que podia para dar certo até aquele ponto. Foi muito trabalho e força de vontade para eu estar ali, naquela barraca, a 5.350 m de altitude, por semanas a fio, com mais 3.500 m de montanha para avançar e chegar naquela foto da letra "E". Treinei demais para isso. Sonhei, sofri… Eu estava pronto. As cirurgias, próteses, câncer, fisioterapia, isso tudo eram páginas viradas da minha história. Era hora de escrever um novo capítulo. E que não fosse o final, mas apenas mais um, importantíssimo, apenas mais um.

Eu estava perto de virar o astronauta da minha infância e pensar que acima de mim apenas a Lua. Como tudo tinha corrido bem até ali, estava confiante. É importante ter medo. Ele nos mantém vivos. É o melhor instrumento de sobrevivência. Uma habilidade que, se usada a favor, é vital! Agora era hora de desligar o emocional, de focar no mecânico. Agora é foco laser. Hora do pragmatismo robótico. Uma repetição de passos e processos básicos. Respirar, caminhar, respirar, clipar, respirar, desclipar, respirar, manter a mão quente, respirar, comer, respirar, beber, respirar, descansar e repetir incansável e automaticamente tudo de novo. Parecem atividades básicas. E são, mas a 8.000 m, um simples respirar exige muita coordenação e atenção. A cabeça volta para casa. Sempre! Ainda mais quando se tem tempo. Reflexões acerca da falta que a gente faz, da sobrecarga na minha família, do buraco que a gente deixa. Falei com a Dani e a senti pressionadíssima com a minha ausência. Sabia que aquela expedição deixaria suas cicatrizes no nosso relacionamento.

Com muito esforço, trouxe meus sentimentos ao essencial na sobrevivência local. Foco para ter um bom sono para acordar bem. Uma boa alimentação para sentir corpo, cabeça e coração fortes para fazer C1, C2, C3, C4, Cume, C4, C2 e BC. Procurei Padawa no acampamento e tivemos uma ótima conversa. Com aquele seu jeito simples e fazendo o desafio que teria pela frente factível, quase fácil, ele acabou me deixando um pouco mais tranquilo. Estávamos em uma sinergia total. A amizade tem um poder incrível, e nesses momentos então…

Àquela altura, meu pé estava apenas com um incômodo chato, principalmente quando fazia mais frio. Mas já não me preocupava. Eu só ligava para as questões de segurança. Antes de sair, telefonei mais uma vez para os meus filhos para dizer que o último capítulo daquela história começaria a ser escrito naquele momento. Depois bati na barraca do Henry para umas palavras finais antes da nossa partida. Aquele senhor divertidamente ranzinza foi meu mentor, meu professor nos Himalaias. Conversar com ele e absorver parte de sua experiência sempre me tranquilizava.

Naquele dia fazia algo em torno de -40ºC no cume, com fortes ventos. Os relatos dos primeiros cumes seguiam intensos e preocupantes, mas a previsão para o dia do nosso cume apontava para temperaturas mais *amenas* de -32ºC com pouco vento. Henry disse que o importante para mim àquela altura seria descansar, me manter quente e bem hidratado. Me disse para manter mãos, pés e pernas aquecidos. E que se eu não conseguisse comer ou dormir nos Campos 3 e 4 seria normal.

Começamos a escalada naquela noite por volta das 2h. Antes de sair, abrimos um excelente vinho, trazido pelo Dan, celebramos o vivido até ali, combinamos como seria no regresso, sonhando (e rezando) para um reencontro. Padawa e os outros sherpas acenderam mais uma fogueira e fizeram uma espécie de prece com mantras antes da nossa saída. Dessa vez foi um pouco mais longo e tenso do que das vezes anteriores. Era como se ele se empenhasse com mais profundidade em sua oração. Rafa nos acompanhou até boa parte da cascata de Khumbu, filmando e me dando apoio moral, fundamental naquele momento, até o limite em que se sentiu confortável o suficiente para dar meia-volta e retornar sozinho ao acampamento.

— Será que voltarei a vê-lo? — pensei em uma fração de segundo.

Era hora de colocar meus medos a meu favor. Pragmatismo robótico. Como digo para as crianças, gritei para mim mesmo:

— O pensamento constrói, o pensamento destrói. Foi dada a largada!

Estávamos vencendo os metros da cascata com seus perigos escondidos timidamente pela escuridão. Nossas lanternas iluminavam o caminho e faziam o azul do gelo das gretas saltar sobre os olhos, enquanto imagens assustadoras se formavam com as sombras se movendo de um lado a outro, ao som do estalar do gelo. Eu fazia aquele caminho pela quinta vez; a terceira, subindo. O mesmíssimo roteiro: sobe escada, atravessa greta com ponte de escada, desvia de bloco de gelo, passa rápido em trecho com risco de avalanche, falta ar, respira mais devagar, zigue-zague, e por aí ascendemos sobre o labirinto. O ambiente da cascata é tão dinâmico que parecia uma terceira rota completamente diferente. As gretas estavam maiores, as filas mais lentas e sons de gelo rachando mais altos.

Ao amanhecer, passamos pelo Campo 1 sob tempestade. E ficamos assustados com o cenário: barracas completamente destruídas pelas rajadas que assolavam os acampamentos. Alpinistas buscavam mitigar as perdas tentando consertar e recuperar o que era possível. Começavam ali as desistências. Na hora deu receio da situação persistir ou se intensificar e a janela prevista pelas fontes meteorológicas da nossa equipe fechar. O forte vento fazia nevar em todas as direções. Nunca tinha visto isso na vida. Descansamos o suficiente para não perder o ritmo e seguimos determinados para o Campo 2. Padawa, claramente muito mais à vontade naquele ambiente do que eu, me deixava às vezes mais afastado para me filmar e de vez em quando eu tinha de parar para esperá-lo chegar mais perto novamente. Não queria seguir sozinho por muito tempo naquelas condições.

Dessa vez, o Campo 1 foi mais uma parada estratégica que um acampamento de fato. Depois de comer e beber bastante chá e descansar o possível, saímos em direção ao Campo 2. Eram 6h30 e o meu estômago parecia estar do avesso. Fiquei nervoso, pois me sentia mais uma vez desidratado, passava um pouco mal e já não fazia xixi havia 15 horas, um termômetro sobre hidratação e funcionamento do corpo. Ir do BC direto para o C2 foi uma escalada muito desgastante. Para levantar o meu moral, Padawa, que se divertia com a câmera, começou a gravar de surpresa e a me fazer perguntas. Apesar de não demonstrar na hora, achava aquilo o máximo e sentia até um certo orgulho dele. Mas com o humor prejudicado, respondia só o necessário. Meu foco era outro, eu nem lembrava que estávamos fazendo um filme.

No dia seguinte acordamos às 3h30, nos preparamos e nos encontramos na barraca-refeitório para o café da manhã. Tudo corria conforme o planejado apesar do frio intenso naquele momento. Partimos e depois de algumas horas, quando chegamos à base da parede do Lhotse já ao amanhecer, duas cenas nos colocaram na crua realidade de se escalar o Everest. Assim que paramos para colocar o jumar, o som de um míssil passa entre nós. Um míssil? Sim, um tubo de oxigênio caindo parede abaixo parece um míssil a centenas de quilômetros por hora. Não mais que dois metros nos separavam de um desastre mortal. A parede do Lhotse é conhecida pelas pedras e blocos de gelo que despencam com frequência. Era a primeira vez que havia escutado um tubo de oxigênio caindo. Em seguida, já no primeiro terço, nos deparamos com um grupo de sherpas trazendo um alpinista completamente imóvel com severos congelamentos em ambos os braços. Sim, a rota havia sido aberta e os primeiros cumes da temporada começavam a ser celebrados. Contudo, as histórias de horror começavam também a se espalhar pelos acampamentos.

Chegamos, finalmente, ao C3. E a situação era precária. As barracas davam a impressão de estar penduradas no aclive. Todas tortas e inclinadas. Mais parecia um acampamento improvisado. Claramente usaram nossas barracas, que estavam encharcadas pelo gelo derretido. Eu e Dan entramos e começamos o laborioso esforço de secar, limpar e arrumar a barraca para então começar a ainda mais trabalhosa atividade de fazer água e comida a partir do degelo. De repente, entram agitadas Susanne e Lucy Bulks, esbravejando que a barraca delas estava simplesmente inabitável. Acolhemos a dupla e preparamos chá até que a situação fosse contornada. Tudo isso a 7.200 m, onde respirar é um esforço hercúleo. Descansar, comer e hidratar era preciso. Após horas de intenso fogareiro, a boa escolha do cardápio foi um alento. Fondue de queijo com salame. Um luxo naquele lugar. Conforme a previsão, a força do vento foi cedendo e veio uma noite espetacular. Um céu estrelado, mas muito estrelado, pairava sobre nós. Eu, constantemente, colocava minha cabeça pra fora para admirar onde estava.

Os Himalaias brilhavam ao meu redor. Era possível ver estrelas olhando para baixo. Aquela cena me acalmava.

"Tudo está se encaixando. Vai dar certo! Imprevistos ainda acontecerão, eu saberei lidar com eles, mas tudo vai dar certo no final. Queria que as crianças vissem isso", pensei.

Hora do rádio. Contato feito, previsão em dia, planos sem ajustes. Hora de tentar dormir já com auxílio do O2.

Acordamos, como combinado, às 5h. Vestir-se e preparar uma refeição naquelas condições de frio, altitude e humor era uma verdadeira maratona. Faltava ar até depois de colocar uma meia. Dizem que o processo digestivo naquela altitude fica muito prejudicado. Para mim, tudo era fome, tudo era hidratação, tudo era combustível. Enchi o tanque com vontade. Às 6h partimos para tentar evitar as filas. Ledo engano, todos já estavam nas cordas. Enquanto me filmava, ouvi Padawa me dizer: "Devagar, devagar." Gente demais ali. Eu não estava me sentindo confortável naquela fila. Conforme avançava, sentia um clima de tensão mais e mais pesado no ar, reverberando de todos os alpinistas. Mais um resgate se passava, dessa vez um alpinista russo, que já estava praticamente inconsciente. Procurei pensar no básico: respirar, escalar, respirar, clipar, respirar, escalar, respirar, desclipar e assim por diante. Quando o sol saiu da sombra da montanha, o calor ficou insuportável. Escalar aquele gelo vítreo, com aquelas filas intermináveis sob um sol escaldante e vestindo quatro camadas das roupas mais quentes disponíveis no mercado parecia uma tentativa de suicídio.

Pela primeira vez na vida eu me vi preso em um trânsito de alpinistas. Uma situação inimaginável para se enfrentar acima de 7.500 m, mas essa é a realidade dessa época no Everest. Os trechos mais congestionados foram os mais técnicos, que são a Yellow Band e o Esporão de Genebra. Minha máscara escondia minhas expressões faciais, mas foi pela corporal que Padawa notou algo diferente em mim e me perguntou: "Roman, você está bem?" Com as mãos, fiz um gesto de mais ou menos. Eu estava muito lento, superdesidratado. Pragmatismo robótico. Só pensava em executar com maestria os passos básicos.

Após 13 horas, a chegada ao Campo 4 foi de glória. Eu estava exaurido depois de um longo e talvez o mais intenso dia da minha vida. Me aproximei da barraca em passos curtos, quase cambaleando em meio àqueles iglus amarelos semienterrados na neve após a nevasca que tinha passado pelo Colo Sul também. Eu precisava de água. Muita água. Estava na famosa e temida zona da morte, onde o O2 é tão escasso que o corpo humano começa a morrer lentamente. Ouvi incontáveis histórias sobre a vida acima dos 8.000 m e todas narravam como o corpo não funciona ali. Para minha surpresa, com alguns goles de um bem-vindo chá, meu corpo queria trabalhar. Pensamento estranho: como se caga a 8.000 m? Era uma novidade para mim. Peguei os apetrechos de limpeza e fui perguntar para Padawa sobre os protocolos sanitários do acampamento. Em resumo, onde se pode e onde não se pode deixar os dejetos humanos e como fazemos depois? Além de todas as outras fontes de preocupação, essa questão é um ponto vital (ou fatal) naquele acampamento. Tudo que não precisamos é derreter neve contaminada por expedições passadas. Pessoas já morreram por conta desse detalhe. Achei o lugar demarcado e ali deixei todas as minhas preocupações com o meu corpo, juntamente com os dejetos. Era uma cena inacreditável, um pôr do sol espetacularmente lindo, dando lugar a uma noite estrelada, com o mundo aos meus pés e o corpo indo perfeitamente bem. Por segundos entrei em transe com aquela cena daquele banheiro bucólico, até que uma brisa pelas partes íntimas me lembrou que ali era a zona da morte, com ar rarefeito e temperaturas de dezenas de graus abaixo de zero.

De volta à barraca, uma grande discussão sobre os planos se acalorava. O C4 é um entreposto, aonde se chega no final do dia, descansa-se por algumas horas e em seguida, por volta das 21h-22h, começa o ataque final ao cume. Nosso plano era partir às 22h, após reidratação e possível alimentação, quando o corpo permite. Lucy e Susanne estavam exaustas e decididas a ficar no C4 por uma noite e escalar na noite seguinte. Dan estava indeciso e eu me sentia completamente focado no objetivo. Tinha fome, sede e havia ido ao banheiro na zona da morte, tudo contra o que havia escutado por décadas, como se meu corpo estivesse superadaptado àquele ambiente, como se já estivesse estado lá em outras vidas. Estava decidido a seguir o plano de subir. Numerosas conversas de rádio se passaram, pois impactos em logística são enormes com mudanças de plano naquele lugar do planeta. Simplesmente não há oxigênio suficiente para se estender sequer um dia a mais a estada por ali. Sem falar em todos os outros insumos essenciais à vida. As meninas simplesmente não tinham condições de seguir adiante naquele momento. Voltar ou esperar um dia e tentar? Esse era o dilema delas e do Dan. Eu também estava decidido, como um robô, seguindo meu pragmatismo e me alimentando dele. Estava confiante, forte e pronto para o grande dia (ou noite, na verdade)!

O tempo havia se confirmado para uma janela que seria perfeita. Não havia mais espaços para questionamentos e dúvidas. Eu estava em um modo de execução pragmática e robótica. Um estado de foco impressionante. Não existia nada, ninguém, só aquela árdua tarefa de voltar vivo, passo após passo, de respirada em respirada.

Saí da minha barraca para terminar de me equipar e vi que os ventos tinham diminuído e outros alpinistas saíam naquele horário com planos parecidos com os nossos. Ainda cansadas da exaustiva subida, minhas colegas resolveram ficar mais um dia no C4 se recuperando para atacar o cume no dia seguinte. Às 22h30 partimos, eu e Dan. Eu, com a confiança de que era uma questão de tempo, não mais de condição. Estava forte, alimentado, hidratado, bem equipado, bem acompanhado e muito, muito determinado. Sabia que precisaria aguentar aquela condição por 18-20 horas e 850 m de desnível para estar de volta ali no C4. Um dia de 20 horas, repetia mentalmente. Oitocentos e cinquenta metros é a Pedra da Gávea, meu quintal de treino. Minha única preocupação era aquela fila de lanternas que se estendia até a Balcony. Centenas de pessoas estavam ali e esse era o maior risco de todos. Já o Dan, com a dúvida se de fato era o dia de cume. O progresso era lento e preocupante. Era visível o incômodo de Padawa. Com pouco mais de uma hora de escalada vejo o Dan e seu parceiro Dorjee conversando e em seguida dando meia-volta. Ele passou por mim balançando a cabeça e balbuciando algo como "hoje não!", acho eu. Dorjee passou frustrado e nos perguntou:

— E vocês? O que vão fazer?

— Hoje é dia de cume! — respondi determinado.

E seguimos adiante. Éramos três agora: Padawa, eu e outro parceiro sherpa dividindo as responsabilidades, dores e delícias do ataque ao cume na montanha mais alta do planeta. Nosso companheiro de apoio nos ajudou porteando os cilindros reservas, enquanto Padawa operava a câmera e carregava apenas seus próprios cilindros em sua mochila. Durante as primeiras horas eu caminhei no automático. Silencioso, focava em cada respiração, em cada passo, uma tarefa simples, mas absurdamente desgastante acima dos 8.000 m. Isso mesmo, um passo e uma respiração era tudo que eu conseguia fazer. Buscava consumir cada molécula de oxigênio. Havia um assincronismo mórbido no ar. Centenas de alpinistas pendurados na mesma corda movendo-se descoordenadamente em seu ritmo individual. Não demorou muito para eu começar a sentir frio com aquele "para-anda-para-anda". Olhei para Padawa e ele estava inquieto com a situação.

— Assim não vai ter cume. Muito devagar. O oxigênio não vai dar — disse ele.

A conta era simples, naquele ritmo, nossas garrafas de oxigênio não durariam o suficiente. Em vez de reduzir o fluxo, olhei para a inclinação até a Balcony e pensei: "É só não tropeçar e dar o passo certo!" Me soltei da corda e fomos os três passando por um sem-fim de alpinistas de todos os cantos do mundo. Para mim foi uma decisão de risco. Qual seria o maior? Escorregar montanha abaixo ou progredir tão lentamente que o frio se tornaria quase insuportável e a certeza de ficar sem oxigênio, quase inquestionável. Não tinha dúvidas. De tempos em tempos, voltávamos para as cordas para recobrar o fôlego e a confiança. E assim fomos ganhando terreno noite adentro. Uma vantagem da noite é que o campo visual está restrito ao foco do *headlamp*, se não quiser ver o abismo, basta não virar a luz. Foco total em cada passo.

Aos poucos foi clareando e a fila de astronautas de vermelho e laranja se estendia à minha frente e atrás de mim. Um dia lindo começou a clarear. Sem ventos fortes. Não tinha uma nuvem sequer no céu. Já em um ritmo constante e clipado nas cordas, eu escalava olhando para a paisagem singular que se revelava ao nascer do sol. Hora da primeira parada para repor as energias, líquidos e calorias, além da primeira troca do cilindro de O2. Estávamos na icônica Balcony. Olhei ao redor e me deixei levar pela beleza inigualável daquela paisagem. O sol nascia, o frio dava lugar ao encanto colorido, dava para observar a curvatura da terra a olho nu. Ao fundo e ao redor era possível ver os mais altos cumes do planeta em diferentes tons de gelo e pedra, todos mais baixos de onde eu me encontrava. O céu variava de tons alaranjados, indistinguíveis azuis e rosa a um preto sideral. Já não havia mais frio, cansaço, dor, sofrimento, falta de ar, sede ou qualquer uma dessas necessidades e sensações mundanas. Havia esplendor, beleza e contemplação, torpor. Meu cilindro de O2 havia acabado e aquela embriaguez panorâmica na verdade era hipóxia!

Trocamos os cilindros, filmamos, fotografamos, mas a preocupação com o atraso e o trânsito só aumentava. Eram quase 6h da manhã e ainda estávamos a pelo menos 4-5 horas do cume. Lembro-me do Victor recomendando cume até as 8h. Sem chance! Apertamos o passo para evitar que o tumulto e o trânsito nos alcançassem. Dali em diante toda a escalada seria na aresta. Não havia margem de erro, nenhum passo em falso, meu ou de qualquer um. Nos trechos mais técnicos, formavam-se filas e gargalos. Em contraste com a beleza exuberante da paisagem, o terror de uma fila enorme, interminável, de alpinistas presos à mesma corda a mais de 8.000 m de altitude.

Eu pensava no que aconteceria se um caísse. Muita gente cairia junto e aquelas ancoragens não resistiriam. Eu havia observado também que a corda de segurança na qual estávamos presos estava desgastada. Em alguns pontos dava para ver até a alma. Como um robô, eu usava meu medo como um fator extra de foco e atenção. Medo é uma forma eufemística de descrever o pânico que eu sentia ao pensar em um acidente. E quanto maior o temor, maior o fator de determinação de fazer absolutamente tudo certo. Segui firme e confiante, passando aqueles mais lentos e comecei a me distanciar do Padawa. Havia achado um ritmo em que não suava, não sentia frio e também não sentia um desgaste excessivo. A cada trecho técnico, eu ganhava mais confiança, recordando meus primeiros anos de escalada em rocha.

De repente tudo para, um diálogo frenético ocorria na minha frente. Uma choradeira infantil ao fundo. Estávamos no temido Escalão Hillary. E tinha dado merda. Para transpor esse trecho, era preciso escalar alguns metros verticais de rocha e gelo, e bem no topo a corda estava enterrada no gelo. Era preciso se desencordoar, fazer uma travessia para se encordoar novamente do outro lado. Algo relativamente tranquilo para qualquer alpinista um pouco experiente, ao nível do mar. Ali, com dezenas de quilos na mochila, pendurado somente pelos *crampons* fincados no gelo, com um abismo de mais de 2.000 m ao redor, apenas aqueles hiper, ultraexperientes e com muito controle emocional conseguiriam fazer o necessário com pouco risco.

Era uma expedição chinesa que estava à frente. Muito choro e tensão no ar. Pelo que eu pude perceber, um membro havia despencado minutos antes. Com uma frieza proporcional aos -35ºC que fazia, pedi licença e fui passando um a um, clipando e desclipando até chegar à base do escalão. Não pensei duas vezes, me agarrei nas cordas já esgarçadas e fui ganhando metro a metro daquela verticalidade. Cheguei ao tal momento-chave, olhei para trás, procurando por meus companheiros, sem sucesso, me concentrei em transpassar aquele obstáculo mortal, tecnicamente fácil, psicologicamente quase intransponível. Lembrava-me da lição que o Ama Dablam havia me ensinado: "Você consegue separar a dificuldade técnica da dificuldade emocional?" Tecnicamente eu já tinha feito lances muito mais arriscados. Ali era só não errar. E assim não errei. Fria e automaticamente fui avançando até sentir de novo a segurança do mosquetão na corda. Alívio e hora para uma boa respirada e hidratação. Me permiti alguns minutos até que Padawa finalmente me alcançou. Olhou para mim.

— Está bem?

— OK — respondi com uma tranquilidade quase teatral.

Seguimos escalando. O tempo era uma preocupação e a cada reentrância eu achava que era o cume para logo me frustrar e ver que ainda havia montanha acima. Buscava aquela visão de puro céu, nada de terra à frente, que não chegava nunca. Passei por esse processo umas dez vezes. Muito frustrante, mas de certa forma foi um jogo mental que me distraiu das lembranças dos corpos deixados ali. Nesse trecho há diversos corpos em lugares conhecidos e até emblemáticos. Alguns já carinhosamente apelidados de Botas Verdes. Eu decidi ignorar essa parte do meu conhecimento sobre a montanha naquele momento e segui com os jogos mentais de "cume ou não cume" após aquela próxima subida.

As horas passam e a gente se acostuma a se frustrar. Passa a ser até engraçado. Dado o esforço para respirar, a posição dominante era a curvada e olhando para os pés. Já não olhava mais para cima, apenas para os meus pés, garantindo um passo certo após o outro, num loop infinito de passo--respiração-passo-respiração.

De repente vejo Padawa ao meu lado, desencordoado e filmando eufórico. O topo da montanha parecia estar logo à minha frente, mas os meus passos pareciam não avançar na mesma velocidade do meu desejo. Olhei para a frente e a poucos metros estava aquele aglomerado de gente entre bandeirolas e nada além de um céu azul.

— Cume! — gritou Padawa.

VIM, VI E VENCI

Depois de quase 14 horas de escalada desde o Campo 4 e umas 30 desde que eu acordei, por volta das 11h30 da manhã no dia 16 de maio de 2018, cheguei com Padawa e nosso outro parceiro sherpa ao ponto que eu havia visto naquela foto da letra "E", naquela tal enciclopédia, 33 anos antes, após uma longa jornada que começou do lugar mais distante que pude encontrar: a cama do hospital. Estava no cume do monte Everest (8.848 m), o lugar mais alto deste planeta.

O dia estava lindo. Mas não foi tão romântico quanto eu havia sonhado. Estava nervoso. Não consegui curtir o momento tanto como imaginava.

Pensei na Dani, na Giulia, no Vitor, nos meus pais e nos meus irmãos. Só queria que eles soubessem que eu tinha chegado lá. E que naquele instante eu começaria oficialmente o caminho de volta para casa. Estranha sensação. Por um lado, a euforia de finalmente chegar lá, depois de tantas histórias. Por outro, o pragmatismo de que a mais perigosa metade ainda estava por vir. A maioria dos acidentes (cerca de 80%) acontece na descida. E não seria uma fácil. Muita gente descendo, um sem-fim de pessoas ainda subindo, uma única corda, uma única trilha numa aresta empinada. Estávamos mais de quatro horas atrasados em relação ao plano e já no limite do oxigênio. Uma combinação de fatores preocupantes.

Éramos umas 15 pessoas naquele cume, pouco mais de quatro metros quadrados. Eu estava buscando um lugar para me sentar em meio às bandeirinhas instaladas pelos sherpas. Padawa fazia com maestria seu trabalho, tirando fotos, filmando animadíssimo. Eu, ali, preocupado, inseguro, analisando as variáveis e as possibilidades... nada boas. A beleza ao meu redor me fez despertar para uma outra realidade.

— Caralho, olhe onde você está! — exclamei para mim mesmo.

Eu estava onde por décadas havia sonhado. Era hora de desligar o pragmatismo robótico e colocar a mente cartesiana para tirar um cochilo. Interessante como eu consegui desenvolver essa habilidade. Ligo e desligo o emocional feito um interruptor. E consigo brincar com a intensidade das emoções como se estivesse mexendo em um dimmer de luz. Depois dos típicos trâmites de fotos, bandeiras, discursos e filmagens, soltei as rédeas da razão e me permiti aproveitar aquele momento. Fazia -32ºC, um céu de um azul indescritível e o mundo, literalmente, abaixo dos meus pés. Uma cena mágica, um momento eternizado. Chorei, ri, respirei, falei, agradeci, lembrei, voltei a chorar. Era 100% emoção. Escutava pelo rádio a emoção e a celebração do time com a notícia de que estávamos lá em cima e estávamos bem. O tempo transcorreu de forma peculiar. Para mim foram 30 minutos de pura celebração, puro estado de *flow*. Não sei se os relógios concordam com esse tempo transcorrido. Não importa. De repente, levei um puxão que me desequilibrou. Uma alpinista havia escorregado sem seus *crampons* e para não cair no desfiladeiro se segurou em mim. Por reflexos instintivos de todos ao redor, não fomos os dois juntos montanha abaixo. Seria um fim banal em um momento fenomenal, um susto completamente desnecessário que me transportou de imediato de volta para a realidade cartesiana e para os perigos que iria enfrentar. Uma pessoa sem *crampon* no cume do Everest era um indicativo de que a descida poderia ser, de verdade, imprevisível. Hora de descer.

Estimamos por volta de quatro horas para chegar ao Campo 4. Era possível vê-lo do cume, parecia tão perto… Também era possível ver a tenebrosa fila de pessoas, umas subindo, outras descendo, se debatendo nas encostas escarpadas da montanha mais alta do planeta. Que cena ridícula!

"Fodeu, vai dar merda!", pensei.

Começamos a descida com o fim daquela eufórica adrenalina, já sentindo a baixa da endorfina. Ou talvez fosse a exaustão de estar escalando por mais de 30 horas, desde o Campo 3, em um ambiente onde seu corpo não consegue captar o oxigênio mínimo para as funções básicas de sobrevivência, tudo isso com pequenas pausas, no C4, Balcony e cume, pouco mais de um litro de bebida e algumas barrinhas energéticas. Incrível perceber do que realmente somos capazes quando o desejo beira a obsessão. De tempos em tempos, tínhamos a progressão interrompida por gargalos de lentos alpinistas e "alpituristas", já esgotados ou paralisados pelo medo. Em certos trechos era necessário rapelar, uma técnica valiosa na escola do alpinismo, mas que amedronta até o mais experiente. Tentávamos ajudar no que era possível. Eu mal conseguia respirar, uma conversação era suficiente para causar tonturas e náuseas. Chegamos a um grupo chinês em que um membro, já quase inconsciente, precisava ser arrastado montanha abaixo. Padawa me olhou e perguntou:

— Cê tá bem?

— Estou bem. Vamos em frente.

Eu havia entendido. Ele precisava ajudar. Por horas, de novo, sem sentir o transcorrer do tempo, esperei. Sentado no topo da Balcony, via o moroso progresso que faziam em carregar aquele corpo imóvel metro a metro, montanha abaixo. Percebi meu corpo esfriando lentamente, apesar daquele dia perfeito, lindo, que, também bem devagar, ia embora. Me dei conta que o oxigênio estava acabando e que não podia simplesmente ficar ali sentado, até que a hipóxia e a hipotermia tomassem conta e a chama da vida se

14

VIM, VI E VENCI

PADAWA E ROMAN NO ACAMPAMENTO BASE DO EVEREST (5.350 M) DURANTE O PERÍODO DE ACLIMATAÇÃO À ALTITUDE

BANDEIRAS DA CERIMÔNIA PUJA E BARRACA REFEITÓRIO DO ACAMPAMENTO BASE

CASCATA DE KHUMBU

CASCATA DE GELO DE KHUMBU E CAMPO 1

CAMPO 2 (6.400 M) E CAMPO 4 (8.000 M)

CAMPO 1 (5.900 M). ABAIXO, PAREDE DO LHOTSE A CAMINHO DO CAMPO 3 (7.200 M)

CAMPO 3 A CAMINHO DO CAMPO 4 (8.000 M)

CAMINHO DO CAMPO 4 E BALCONY (8.300 M)

BALCONY

ARESTA DO CUME DO EVEREST

ROMAN ROMANCINI NO CUME DO MONTE EVEREST (8.848 M)

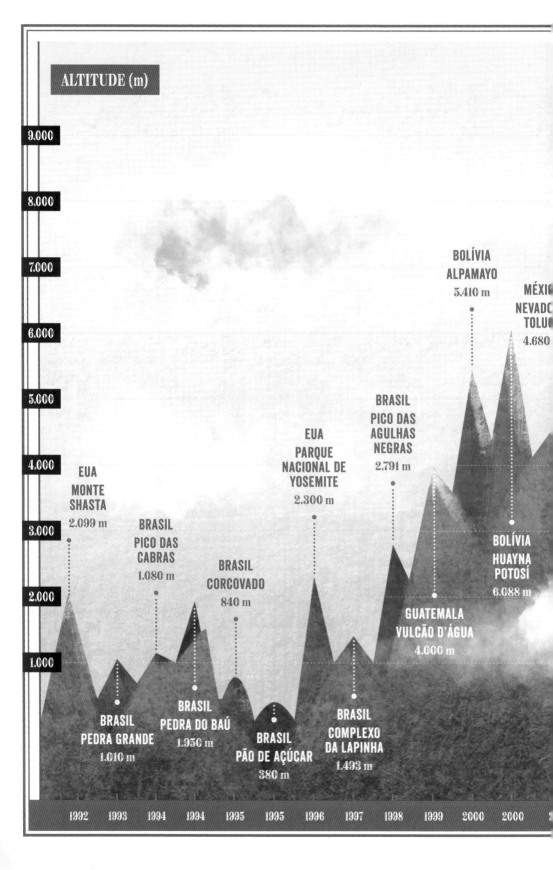

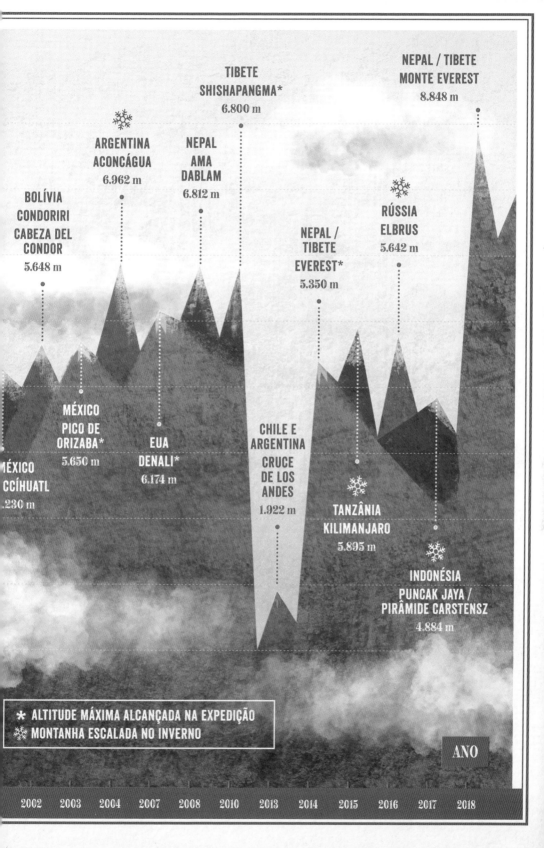

ROMAN ROMANCINI EM SUA CHEGADA AO CAMPO BASE
DEPOIS DE ESCALAR O MONTE EVEREST

apagasse. Como meu grande amigo e parceiro AC dizia: "Deve ser uma das mais deliciosas formas de morrer, você vai perdendo os sentidos até que pega no sono e deixa esse mundo." Eu estava confortável com a ideia de descansar, de dormir, mas não com a de morrer. Era hora de agir! O problema no rapel é que, se há peso na corda, o dispositivo de descenso não funciona de jeito nenhum, a corda não corre. E havia um corpo preso à corda sendo puxado morosamente por uns seis sherpas num esforço hercúleo. Então, sem pensar muito, olhei para a inclinação do terreno, enrolei a corda no braço e, de frente para o abismo, me lancei montanha abaixo, lutando contra a gravidade, num misto de brincadeira, irresponsabilidade, técnica e arrogância. Método conhecido como *sherpa way*.

Cheguei muito rápido aonde estava Padawa e logo vi sua cara de preocupação. Sem meios de nos comunicarmos (eu estava sem rádio), sem observar minha progressão, e calculando o oxigênio disponível e o esforço feito, ele começou a achar que eu já estava com algum tipo de hipóxia ou edema prejudicando meu julgamento e capacidade decisória. Me confessou que já estava prestes a escalar novamente montanha acima até onde eu me encontrava, pois, em sua vasta experiência, já havia testemunhado pessoas morrendo na Balcony por exaustão. Sim, eu estava exausto, mas estava mais preocupado, até furioso, com aquela situação de congestionamento.

Vendo que as sombras indicavam um anoitecer próximo, um cilindro praticamente vazio e uma desidratação severa já aparente, Padawa insistiu para que eu seguisse adiante se estivesse confortável. Adoro esse jeito diplomático natural dos nepaleses. Fico imaginando a mesma situação com um parceiro de escalada alemão. Em poucos minutos, eu já estava no Colo Sul, mas o C4, que me pareceu muito perto, levou uma eternidade para ser alcançado. Cada passo era uma tortura, já não havia mais ar, nem energia e absolutamente nenhuma motivação, pensamento ou ação que não fosse mover um pé após o outro, de novo, como um robô, e a gravidade não estava mais a meu favor.

Aos poucos, e muito aos poucos mesmo, me arrastei entre as barracas até poder enxergar a nossa. Comecei, de uma maneira letárgica, a reconhecer as eufóricas e felizes feições. Dan, Susanne, Lucy e Dorjee me esperavam ansiosamente. Me abraçaram, me filmaram, me perguntaram, e eu só queria água. Não havia ar nem saliva para falar de forma inteligível. Era lindo ver a vibração da equipe, a felicidade em me encontrar. Aos poucos fui sendo contagiado por toda aquela energia e depois de muitos e muitos goles pude celebrar. Eles estavam descansados, fortes, hidratados, bem alimentados, motivados, oxigenados. Já eu, quebrado, moído, exausto, "hipóxio" (se é que existe esse adjetivo), mas feliz. Queria falar com a família. Pelo rádio obtivemos informações. Rafa me disse que ainda não havia conseguido contato e que eles estavam seguindo a escalada online pelo Spot, um equipamento de tracking via GPS e grande parceiro das minhas expedições. Que pesadelo deve ter sido. Nem imagino o sofrimento da Dani, dos meus filhos, pais e irmãos. Pedi o telefone satelital e liguei imediatamente para a minha esposa.

— Gatinha. Cheguei! Eu consegui! Estou de volta ao Campo 4. Estou voltando para casa. Amo vocês.

Poucas palavras, muito choro. Uma alegria em ouvir as vozes aliviadas. Falar com eles. Dan, Susanne e Lucy não paravam de lançar perguntas. Queriam saber todos os detalhes, cada centímetro dos 850 m restantes. Conselhos, riscos, dicas, sugestões, uma enxurrada de questionamentos. Eu só queria comer, beber, tirar aquelas meias ensopadas, mergulhar no meu saco de dormir e desmaiar. Em pouco mais de uma hora eles partiriam. Desejamos boa fortuna uns aos outros, nos despedimos e aos poucos vi suas luzes desaparecem na escuridão e se integrarem àquela fila de vaga-lumes. Padawa apareceu na barraca para ver se estava tudo bem. Que atencioso! Regulou meu fluxo de oxigênio e se despediu.

— Cê tá bem?

— Tudo bem, cara.

— Bom, bom — respondeu balançando a cabeça no mais típico estilo nepalês.

Eu simplesmente apaguei. Afinal, havia acordado às 5h da manhã do dia 15, escalado por dois dias e uma noite e já eram 22h do dia 16, 41 horas depois. Não tenho nenhuma memória das horas que se seguiram. Como se alguém tivesse me tirado da tomada. Blackout total.

Acordei com alguém desesperado me chacoalhando.

— Roman, Roman — gritava Padawa.

— O que foi, Padawa? O que aconteceu?

— Estou tentando te acordar há mais de cinco minutos.

Há várias histórias de alpinistas que dormem e não acordam mais. Seja por exaustão, edema, infarto... Percebi o susto que ele deve ter tomado pela cara de pânico. Nunca havia visto o Padawa tão assustado em nossos 10 anos de parceria. O cara já havia escalado o Everest 21 vezes, só a certeza da morte poderia tirá-lo do seu estado zen. E eu me sentia novo, forte e capaz, muito capaz. Revigorado pelo *sono-desmaio*, regado a oxigênio, me sentia realmente descansado e faminto, faminto até demais! Meu corpo pedia reposição. Em geral, consumimos de 2.000 a 3.000 calorias por dia, mas, numa expedição com essa, gastamos de 20.000 a 30.000. Apenas um pequeno detalhe me incomodava: uma ardência em cada lado do rosto. Ao terminar de acordar percebi aquela sensação de queimadura. Pedi ao Padawa que tirasse uma foto.

— Frostbite! Queimadura de frio! Vai ficar bom, não se preocupe. Beijo Everest! Dois beijos.

Um pequeno e gélido detalhe havia me causado um congelamento em cada lado da face. Os poucos centímetros descobertos entre a viseira, a balaclava e a máscara de oxigênio estavam simetricamente congelados, como uma marca de batom deixada por um beijo em cada bochecha. Um beijo de cada uma das deusas que vivem em cada um dos lados do Everest, tibetano e nepalês. Sagarmatha Kiss. Chomolungma Kiss. Não era um congelamento severo, mas brotaram as clássicas bolhas de queimadura. Não tinha o que fazer, além de proteger.

Minutos depois, Padawa entra novamente na barraca com uma tigela de *porridge*, uma espécie de mingau, e avisa que precisamos nos apressar para descer. O plano era chegar até o Campo 2 e se possível até o BC. Pergunto sobre os outros e uma enxurrada de boas notícias começam a surgir. Dan já havia feito o cume, no crepúsculo, Lucy já estava bem próxima, seguida por Susanne. Meteorologia, ok. Todos física e mentalmente bem. Sem muito trânsito. Fiquei muito feliz por eles e cheguei à conclusão de que a estratégia de dormir no C4 antes do ataque final é muito mais promissora que a de usá-lo como entreposto por algumas horas.

Saí da barraca e me deparei com o dia mais lindo que já havia visto nas minhas quatro temporadas nos Himalaias. Um sol brilhante esquentava a face, desnuda de máscara e afins. De um lado, o Lhotse logo ali na minha frente contra o sol, do outro a imponente aresta da face sul, coloridamente iluminada, sem nenhum vento. "Que dia de cume", pensei. "Que precisão meteorológica!" Olhei ao redor e era possível ver as nuances mais abruptas da topografia terrestre: dos mais altos picos do planeta e seus tons de branco e cinza às terras baixas (abaixo do nível do mar), passando pelo altiplano (ex-fundo do mar), rodeados por um céu de alvorada, infinito em cores e extensão. O Campo 4 é, sem dúvida, o lugar mais espetacularmente exótico onde já acampei em minha, bem vivida, vida. Seria ainda mais exuberante se não fosse pelas toneladas de lixo e restos das expedições anteriores.

No início me senti um pouco tonto com a euforia, mas logo percebi que era hipóxia mesmo. Havia deixado o sistema de oxigênio na barraca e minha reação inicial foi tentar voltar e pegar, mas num ímpeto de ousadia, resolvi experimentar a zona da morte sem oxigênio suplementar, inebriado pela beleza que me cercava. Logo me acostumei, distraído pelas fotos e filmagens na paisagem ao meu redor, em 360 graus.

— Trezentos e sessenta graus! — lembrei da câmera que filma 360 graus. — Ah, não! Esqueci de filmar no cume!

Eu tinha levado no bolso do casaco uma nova câmera para captar imagens em 360 graus durante toda a viagem, filmando em diversos pontos e em todos os acampamentos, para que o público pudesse ter uma experiência imersiva de uma expedição ao Everest. A última filmagem que eu havia feito eram imagens desconcertantes do pôr do sol à beira do abismo naquela parede. Justamente no cume, devido a toda aquela pressão da escalada, do risco do congestionamento, da beleza estonteante lá de cima e certamente de um bom grau de hipóxia, esqueci completamente que havia uma câmera 360 graus no meu bolso durante todo o ataque ao cume e não captara nada acima do C3. Tentei recuperar o atraso no C4, muito frustrado de ter esquecido da Balcony, do Escalão Hillary e do ápice de todos, o cume.

Padawa veio até mim. Celebramos, abraçamo-nos e eu agradeci a ele novamente por toda a vivência e maestria com que conduzia aquela situação.

Depois de mais fotos e vídeos, ele me apressou dizendo que precisávamos descer rápido para evitar os congestionamentos devido às tantas expedições subindo e descendo a montanha. Aquele chamado me fez lembrar que ainda estávamos longe e, de fato, a três acampamentos da segurança.

Arrumamos as mochilas, trocamos os cilindros de oxigênio, pegamos o máximo de lixo que cabia nas mochilas e começamos a descer. Era possível acompanhar pelo rádio o progresso da equipe. O time de cume já regressava em direção ao C4 sem mais contratempos, e o time da segunda onda já estava no C2 à minha espera. A escalada do Esporão de Genebra foi um rapel relativamente tranquilo, com pouco congestionamento, pois, como era bem cedo, a maioria das expedições ainda estava na parede do Lhotse. Já dava para avistar a grande fila de alpinistas, um formigueiro humano morro acima. "Quantos desses não voltarão para casa", pensei comigo. Entre sete e nove pessoas morrem, em média, por temporada no Everest. Soube de três até o momento. Estava determinado a não fazer parte dessa estatística. Atravessando a Franja Amarela, escutei gritos. Me aproximei de dois alpinistas e percebi que um deles, russo, estava colapsado em completa exaustão, preso a uma ancoragem, e o outro, um guia chinês, gritava e o chutava com *crampons*. Me enfureci com a cena, era simplesmente inaceitável aquela situação, naquela altitude. Comecei a bater boca com o guia até que Padawa veio para intervir. Conversaram em nepali. Me concentrei em dar água e comida, além de um pouco de oxigênio, ao moribundo alpinista. Padawa me pediu que continuássemos, pois alguns sherpas já estavam a caminho para o resgate. Nada podíamos fazer além do que fizemos. Com a minha limitada, ou inexistente, experiência em resgates em altitude, tentar ajudar atrapalharia mais e potencialmente me tornaria mais um a ser resgatado.

Já na parede do Lhotse, aos poucos o sol foi se desvencilhando das montanhas ao redor e nos açoitava com um calor infernal. Sentia minha água corporal evaporar por cada poro. Todas as camadas de roupa abertas e já sem água — eu começava a sentir os efeitos da desidratação. Havíamos alcançado o pelotão e o progresso era bem lento. Eu me sentava nos meus *crampons*, superficialmente cravados naquele gelo vítreo, esperando pela vez de rapelar. Comecei a sentir uma moleza gradual, uma preguiça, uma letargia mental. Achei que era algo como insolação até me dar conta de que meu oxigênio estava no fim. Precisava chegar logo ao C3, fazer água, comer e descer o mais rápido para o C2. Em alguns trechos havia uma segunda corda usada pelos sherpas para acelerar a descida, ou para resgates. Eles voavam montanha abaixo no *sherpa way*. Não pensei duas vezes, enrolei a corda no braço e me joguei ladeira abaixo. Que divertido! Em um momento, aquele marasmo; noutro, aquela adrenalina de brincar com a gravidade. Já no C3, agilizamos a reidratação, a alimentação e completamos a mochila com os equipamentos que eu havia deixado lá, além do lixo. De volta ao *sherpa way* e ao *adrenaline rush*. Me diverti tanto que nem percebi a corda queimar as camadas de roupa e meu antebraço.

Quase chegando à base da parede, encontrei meu velho amigo Carlão, guia de montanha, e alguns brasileiros subindo para o C3, na tentativa de ataque ao cume nos próximos dias. Foi um encontro emocionante, com direito a choros, muitos abraços e grandes trocas de informações. Compartilhei com eles o ocorrido na minha expedição e minha conclusão sobre uma melhor estratégia de dormir no C4 antes do ataque, e não depois. Interessante ver esperança, curiosidade e medo nos que subiam; e exaustão, impaciência e glória nos que, como eu, desciam, tudo ali pendurado a 7.200 m. Nos despedimos, desejamos uma vitoriosa e segura escalada para todos e boa fortuna com bons ventos a favor. Era reconfortante sentir a proximidade da Terra Brasilis, através de meus patrícios. Senti saudades da família.

Todas as vezes que fui em direção ao C2, ele parecia inatingível. Dessa vez não foi diferente. Não chegava nunca! Parei incontáveis vezes para descansar, e olha que o acampamento estava logo ali. Aquele "logo ali" típico de mineiro. Mesmo quando alcancei as primeiras barracas, ainda levei quase uma hora para chegar nas nossas, atravessando morainas e gretas em uma montanha-russa entediante, cambaleando e desengonçado. Padawa já estava por lá esperando por mim com comida e chá quente, e assim que me avistou soltou aquela risada singular. Victor saiu da barraca e me deu um apertado abraço paterno, orgulhoso. Embora eu não estivesse oficialmente em sua expedição (ele não era meu guia), estávamos juntos na expedição guarda-chuva do Henry. Percebi pelo abraço que ele se sentia responsável por mim, afinal nós dois estávamos juntos havia semanas dividindo barracas, alegrias, experiências e havíamos criado laços vigorosos. Paul e Kevin vieram a seguir com uma curiosidade de tirar o fôlego e uma felicidade fraternal. Eles queriam saber absolutamente de tudo, cada detalhe, cada perspectiva. Em algumas horas partiriam para a segunda onda de ataques. A Irmandade da Corda.

Já era tarde para seguir até o BC e eu estava mentalmente esgotado, porém eufórico; física e fisiologicamente bem, enriquecido pelo "abundante" ar no C2, mas com pouca gana de escalar aquela cascata por horas a fio. Além do mais, as avalanches são mais frequentes na parte da tarde. Me acomodei na barraca-refeitório, falamos pelo rádio com o BC.

— Rafa, isso aqui é foda. É muito difícil. São vários dias. Aqui no Campo 2 está tudo bem. Mas foram os dias mais intensos da minha vida em vários aspectos. Físico, emocional; medo, estresse. Estou superfeliz. De volta, bem. Recarregando. Estou com um congelamento nas bochechas. Dedos dormentes. Estou bem e vivo. Para ser sincero, eu não curti o cume tanto assim. Filas enormes na parte técnica. Gostei mesmo de quando voltei para o Campo 4. Mas foi uma descida dificílima.

Paul, Kevin, Victor e eu conversamos por horas para passar o tempo. Não estava com o satelital e não podia falar com a Dani e com as crianças, já era manhã no Brasil, mas sabia que as mensagens e informações do meu paradeiro e estado psicofísico-emocional já haviam chegado a eles pelo Spot e pelo Rafa. Um alívio tomou conta da minha alma. Com a diferença de quase oito horas — isso mesmo, 7h45 — eu só queria que eles acordassem com as boas-novas.

Fui me deitar com um senso de realização que não cabia dentro de mim. Estava orgulhoso, estava feliz, estava realizado e por horas pude curtir esse modo emocional sozinho, com meus botões. Aquela pequena barraca era só alegria. As notícias não paravam de chegar pelo rádio, boas e ruins. Dan e as meninas já estavam seguros nos acampamentos superiores, mas o tal russo da Yellow Band havia chegado sem vida ao C3. Um outro alpinista havia escorregado e estava desaparecido. Eu ainda não estava na segurança do BC e o pragmatismo robótico me mantinha em estado de vigília, um alerta constante de sobrevivência. Adormeci em meio ao frio, ao cansaço e ao turbilhão de emoções e vastos pensamentos imperfeitos. Era de fato a minha primeira noite racional e emocional após o cume. A noite anterior fora um apagão.

Despertei com o já conhecido alarme Padawa. Nos aprontamos, nos despedimos — tomados pela emoção — do time e logo entramos no vale do silêncio em direção ao C1. Saímos mais cedo para evitar o calor, mas sem muita pressa. Toda a descida até o C1 transcorreu naturalmente, bem diferente da subida com aqueles ventos avassaladores que nos derrubavam ao chão. Nem paramos no C1, entramos logo na cascata. Era a sexta e última vez que cruzaria aquele lugar, lindo e aterrorizante, palco dos meus pesadelos por décadas. Estava tudo diferente. Era possível escutar os rios de degelo pelas entranhas da cascata. As gretas estavam mais abertas e muitas escadas pairavam pelo ar penduradas nas cordas. Embora a rota fosse mantida diariamente pelos doutores da cascata, o acelerado avanço da estação e o rápido degelo transformavam a cascata em um novo labirinto a cada dia.

Eu sentia dores da cabeça aos pés. À medida que nos aproximávamos da base da cascata, o corpo e a mente iam cedendo aos estímulos e excessos dos últimos seis dias. Era difícil achar uma posição para apoiar os pés sem sentir os tendões inflamados e a pele em carne viva. Já não conseguia identificar quantas bolhas havia nos pés. A ansiedade tomava conta e só era interrompida pelo craquelar do gelo em uma cascata em constante movimento. Me concentrei em não descuidar da segurança, as cordas e ancoragens já estavam desgastadas e pouco firmes. Bastava um passo em falso ou uma greta escondida para acabar no fundo de uma delas. O BC não chegava nunca. Padawa sugeriu pararmos para descansar, mas eu só queria chegar. Aos poucos a inclinação foi cedendo e pude perceber que já não havia abismos ao redor. Avistei o Rafa, que me esperava no meio do glaciar. Comecei a chorar, cambaleando, abracei-o como um irmão, aos prantos. Soluçava, não conseguia dizer uma palavra. Ele feliz, tentava me confortar com palavras que não consigo recordar. Padawa tomou a iniciativa de filmar toda aquela cena, aquele reencontro. Ali, no meio do glaciar, nos víamos de novo, depois de uma semana, despedidas cheias de incertezas e aqueles olhares de possível último adeus. Não era o caso, estava a salvo, ou quase. Faltava pouco e o trecho mais perigoso acabara. Cair em uma greta ou estar em meio a uma avalanche já não eram riscos eminentes.

Nosso acampamento base estava em festa. Eu tinha sido o último a chegar, atrasado, uns 40 dias antes, e o primeiro e retornar do cume são, salvo e feliz. Logo soube que no dia do cume, supostamente, tinha sido registrado um recorde histórico: 140 pessoas fizeram o cume naquela data. Uma marca para não se orgulhar. Henry apareceu, com seu jeito britânico e um sorriso paternal. Ele se sentia aliviado e realizado. Era nossa quarta e última expedição, ele se aposentaria a seguir. Nos abraçamos, agradeci, chorei. Foi meu mentor, meu guia, meu amigo, mesmo rabugento como só ele sabia ser, havíamos desenvolvido um carinho mútuo, mais um laço na irmandade da corda. Para ele a expedição e sua responsabilidade só terminavam quando eu embarcasse em Kathmandu; assim, veio com a possibilidade de voarmos de helicóptero, cedo no dia seguinte, com chances de embarcar para o Brasil ainda no mesmo dia. O cara pensava em tudo, conhecia todos, conseguia mover o mundo da precária logística nepalesa a seu favor.

Fiquei eufórico com a possibilidade de abraçar a Dani e as crianças em dois dias. Rafa já não aguentava mais viver no BC. Seis semanas naquelas condições desumanas e sozinho de tempos em tempos. Chegou a ventilar a ideia de voltar para o Brasil antes da minha descida, mas resistiu e ficou à minha espera até o fim. Produziu conteúdo para o filme e me deu o suporte de que eu precisava.

Fui me recompor, tomar um banho e cuidar das feridas e congelamentos antes de começar a arrumar as mochilas e *duffels*. Eram 16 bolhas no total, muitas em carne viva. O banho foi um prazer sarcástico e masoquista. Hora de falar com a Dani e dar as notícias. Me emocionei ao ouvir novamente as vozes do Vitor e da Giulia. Senti em suas palavras um alívio e um orgulho. Papai tinha escalado o Everest, estava vivo, seguro no BC e voltando para casa. Na voz da Dani, uma frieza. Não soube bem definir o porquê, nem sequer o que realmente se passava, só a sentia distante, aliviada, mas friamente distante. Fui dormir com aquilo na cabeça.

Aos primeiros raios do sol, já era possível escutar os helicópteros. Eu e Rafa estávamos ansiosos e aliviados. Chegar rápido a Kathmandu significava estar à frente de milhares de pessoas que tentavam regressar aos seus países, o que minimizava o risco de ficarmos lá por dias ou semanas esperando disponibilidade de voos. Ir de helicóptero até Kathmandu significava evitar uma caminhada de cinco, seis dias vale adentro e uma fila de espera de dias para deixar Lukla. Henry e sua magia em ação.

Nos despedimos com o coração partido e ao mesmo tempo aliviado e embarcamos. Assim que levantamos voo, me veio aquela cena final de *Platoon*. Havia uma certa similaridade. Sentia que também havia estado em guerra, em um ambiente inóspito, não contra um inimigo, mas contra mim mesmo, com os elementos ora a favor, ora contra.

Nas horas que se seguiram, revivi os últimos meses, me emocionei por diversos momentos e não conseguia conter a estranha tristeza da partida, nem tirar da cabeça aquela frieza da Dani. Chegamos ao aeroporto e rapidamente nos dirigimos ao escritório da companhia aérea para assegurar a pré-reserva feita por Iswari, o dono da Himalayan Guides, operadora local que Henry havia fundado juntamente com ele. Parte da magia. Tudo certo com os voos. Lá vou eu, Brasil! O tempo era curto, precisávamos ir ao hotel pegar as malas, tomar um banho e vestir roupas de civilização para enfrentarmos as últimas 30 horas que nos separavam da família. Nem preciso dizer que foram os voos mais longos de toda a minha vida. O tempo é relativo e correlacionado com a ansiedade.

Everest, Kathmandu, Doha, São Paulo, Rio de Janeiro. Ao abraçar meus filhos no Galeão, somente ali, no aeroporto, senti que a expedição havia terminado. Nada mais poderia dar errado, estava finalmente seguro. Foram 33 anos para percorrer o caminho de Brasília ao cume do planeta e quatro dias para retornar para casa, são e salvo. A alma estava plena, a mente tranquila, o coração radiante, mas o corpo… em frangalhos. Uns nove quilos mais magro, além de bolhas e congelamentos, músculos e tendões no limite, um desarranjo incessante e uma crise de hemorroida que parecia que eu tinha sido virado do avesso. Havia travado uma verdadeira guerra para sobreviver com todas as forças físicas, mentais, emocionais e espirituais que não sabia ter. Era hora de recuperá-las.

Não sinto que conquistei essa montanha, sinto-me abençoado por ela, uma insignificante parte de sua história. Uma simbiose espiritual. Um importante capítulo da minha vida se encerra. Montanhas para mim se tornaram um templo, onde me encontro com o mais puro eu, com minha essência. Renunciar a tudo que temos voluntariamente é um exercício de desapego, não apenas esportivo. Nem Maslow se lembrou do ar ao criar a pirâmide das necessidades humanas. Há apenas 30% de ar no cume do Everest, quando comparado ao nível do mar, aqui no Rio. Não há água, está tudo congelado, e precisamos de combustível. Não há comida ou qualquer vida acima do BC, tudo precisa ser levado na mochila. Nosso abrigo é uma mera barraca por meses. E não preciso dizer que, em termos de reprodução, uma expedição é uma experiência celibatária. O nível mais elementar das necessidades humanas abdicado, por meses, voluntariamente.

Conjugando a primeira pessoa do singular, expedições se tornaram meu *reset*, minha forma de priorizar a vida e o que há de mais importante nela. Conjugando a primeira pessoa do plural, elas se tornaram uma cruzada à plenitude, uma plataforma educacional onde a vida deveria ser "e" e não "ou", um exemplo vivo para meus filhos e todos os demais que buscam incessantemente a simples felicidade plena. Uma mensagem para o mundo que, sim, é possível realizar seus sonhos, direitos e desejos concomitantemente, apesar das adversidades. E, finalmente conjugando a terceira pessoa do plural, eles para eles, não levo apenas as minhas bandeiras mas as deles também, daqueles que precisam de nós, para diminuirmos o abismo vergonhoso de nossa sociedade.

Não voltei o mesmo, jamais serei o mesmo. O que serei, o que seremos, só o tempo dirá. O Everest havia deixado suas cicatrizes. Apenas sinto que *veni, vidi, vici*.

HISTÓRICO DAS PRINCIPAIS MONTANHAS

ROMAN ROMANCINI

1992   EUA – Monte Shasta (2.099 m)
1993   Brasil – Pedra Grande (1.010 m)
1994   Brasil – Pico das Cabras (1.080 m)
1994   Brasil – Pedra do Baú (1.950 m)
1995   Brasil – Corcovado (840 m)
1995   Brasil – Pão de Açúcar (380 m)
1996   EUA – Parque Nacional de Yosemite (2.300 m)
1997   Brasil – Complexo da Lapinha (1.493 m)
1998   Brasil – Pico das Agulhas Negras (2.791 m)
1999   Guatemala – Vulcão d'Água (4.000 m)
2000   Bolívia – Alpamayo (5.410 m)
2000   Bolívia – Huayna Potosí (6.088 m)
2001   México – Nevado de Toluca (4.680 m)
2001   México – Iztaccíhuatl (5.230 m)

2002 Bolívia – Condoriri – Cabeza del Condor (5.648 m)
2003 México – Pico de Orizaba* (5.650 m)
2004 Argentina – Aconcágua Invernal (6.962 m)
2007 Estados Unidos – Denali / Monte McKinley* (6.174 m)
2008 Nepal – Ama Dablam (6.812 m)
2010 Tibete – Shishapangma* (6.800 m)
2013 Chile e Argentina – Cruce de los Andes (1.922 m)
2014 Nepal – Everest* (5.350 m)
2015 Tanzânia – Kilimanjaro Invernal (5.895 m).
2016 Rússia – Elbrus Invernal (5.642 m)
2017 Indonésia – Puncak Jaya / Pirâmide Carstensz Invernal (4.884 m)
2018 Nepal – Everest (8.848 m)

---

* Altitude máxima em montanhas cujos cumes não foram alcançados.

Papel: Offset 75g
Tipo: Minion Pro
www.editoravalentina.com.br